신 앙 다 큐 소 설

예수의 사람, 바울

| 한정자 지음 |

THE MAN OF JESUS, PAUL

쿰란출판사

신앙다큐소설

예수의 사람,
바울

서문

"예수의 사람, 바울"을 쓰기까지

　예수님을 처음 나의 구주로 영접한 날부터 성경을 읽기 시작했다. 창세기의 첫 구절 "하나님이 천지를 창조하시니라"라는 말씀을 읽자 내 어두웠던 영혼에 번쩍 불이 켜지는 것 같았다. "하나님이 이르시되" 빛이 생기고, "이르시되" 하늘이 생기고, 또 이르시니 해와 달과 별이 생기고, 바다의 어족과 짐승과 새들이 생겨났다. 얼마나 놀라운 광경인가? 성경이 마치 총천연색 동영상처럼 문장 하나하나, 단어 하나하나가 살아나 펼쳐지는 느낌이었다. 밤을 꼬박 새우며 읽는 성경의 맛이 어찌나 신기하고 달콤하던지!

　신약으로 들어와 마태복음을 읽기 시작했다. 와~. 그곳엔 그동안 내가 읽었던 구약의 모든 이야기가 "낳고"라는 한 단어로 압축되어 기록되어 있었다. "참으로 이 책은 하나님과 인간이 만들어 간 장엄한 역사책이다!"라는 생각이 들었다. 세상의 그 어떤 경전이나 철학책과는 다른 책이었다.

그렇게 복음서에서 주 예수님을 거듭거듭 만나고 로마서를 읽게 되었을 때였다. 그 책에서 나는 내 평생의 화두이자 질문이었던 죄와 구원의 문제에 대한 답을 얻었다. 나는 그동안 구원을 끝없는 선행과 평생 도를 닦는 고행을 통해서만 얻을 수 있는 어마어마한 그 무엇이라고 믿었다. 그러기에 나같이 평범한 사람은 절대로 천국이나 극락에 갈 수 없다고 생각했다. 그런데 사도 바울은 로마서에서 "구원은 믿음으로 얻는 거야!"라고 외치고 있었다.

"오직 의인은 믿음으로 말미암아 살리라"(롬 1:17). 이 말씀이 화살처럼 내 가슴에 와 꽂혔다. '선을 행하거나 도를 닦아서가 아닌 믿음으로 구원을 얻는다고? 이것이 성경의 진리라고?' 이것이야말로 대전환의 생각이었다. 프레임 쉬프트였고 빛이었다.

어린 시절부터 교회에 다니면서 목사님과 주일학교 선생님들로부터 들었던 말씀의 기억은 "착하게 살아야 한다. 미워하면 안 된다. 거짓말하면 안 된다. 바리새인 같은 위선자가 되면 지옥에 간다"라는 말씀이 대부분이었다. 그래서 친구들과 다툴 일이 있어도 상대방에게 맞대응을 하지 못했다. 친구가 뭐라고 큰소리로 나를 공격하면 나는 그냥 책상에 엎드려 울기만 했다. 그러고도 감히 미워할 생각을 하지 못했다. 미움은 죄였고, 그 죄를 벌하실 하나님이 무서웠기 때문이었다.

도를 닦아서도, 착한 일을 해서도, 자신의 몸을 괴롭게 해서도 아닌, 다만 예수님을 믿기만 하면 하나님의 자녀가 될 수 있다는 이 놀라운 말씀은 내 신앙에 새 지평을 열어주는 말씀이 되었다.

"모든 사람이 죄를 범하였으매 하나님의 영광에 이르지 못하더니"(롬 3:22), "의인은 없나니 하나도 없으며"(롬 3:10). 이 말씀들은 죄인 된 인간 실존의 원형이었다. 그 누구도 죄에서 자유로운 사람은 없다. 이상한 일이지만 이 말씀들이 내 마음에 평안을 가져다주었다. 그 누구에게도 선을 요구할 필요도 명분도 없어졌기 때문이다. 누구에게도 "당신, 왜 그러냐?" 하고 말할 수 없었다. 나도 너도 모두 죄인으로 살아가는 불쌍한 인생이기 때문이다.

구약에 나오는 수많은 믿음의 용장들에게 감동하고 그들의 큰 활약에 경외감을 느끼기도 했으나 사도 바울처럼 내 영혼의 지각을 흔든 사람은 없었다. 그의 명백한 논리는 그 어떤 이론이라도 다 깨부술 것처럼 예리하고 심장을 후려치는 방망이처럼 강력했다. 그리스도를 뜨겁게 사랑한 그의 심장은 내 심장마저 불붙게 하는 것 같았다. 주님을 위하여 받은 수많은 박해와 고난, 특히 고린도후서 11장 23-28절에 기록된 그가 당한 고난을 읽을 때는 그의 고통이 내 살에 와 박히는 것같이 아팠다. 나는 그와 함께 웃고, 그와 함께 울었다. 그토록 그가 사랑한 분이 내가 사랑하는 예수님이라는 그 공통분모가 나를 그가 쓴 성경 속으로 이끌고 갔다.

그 후 벌써 40년의 세월이 흘렀다. 여전히 나는 사도 바울을 흠모한다. 여전히 고린도후서에서 그가 기술한 고난의 사건을 읽을 때마다 눈물을 흘린다. 어느 날, 그날도 고린도후서를 읽다가 또다시 눈물을 흘리기 시작했다. 그런데 그 눈물이 그치질 않았다. 거의 오전 내내 울고 또 울었다. 단순히 그가 매 맞고 돌로 맞고 바다의 위험과 동족의 위험을 받았기 때문만은 아니었다. 예수님을 사랑했던 그의 사랑이 내 영혼에 파도처럼 밀려오고 또 밀려왔기 때문이었다. 나는 그렇게 뜨겁게 불꽃 같은 사랑으로 주님을 사랑할 수 있을까? 그가 받은 고난과 수난은 단순한 수난이 아니라 뜨겁고 강렬한 사랑이었다. 바울의 '패션'(passion), 이것은 아픔이요, 뜨거운 사랑이다. 나는 그의 패션을 닮고 싶다. 그와 같은 길을 걷고 싶다!

그날 오후, 문득 사도 바울의 책을 쓰고 싶다는 생각이 떠올랐다. 하지만 곧 머리를 흔들었다. 지난 2천 년 동안 얼마나 많은 박사와 학자가 사도 바울에 대하여 깊고 넓은 연구를 하였는가. 나는 아무것도 아니고 그저 작은 여종에 불과한 사람이다. 어떻게 감히 나 같은 사람이 사도 바울에 대한 책을 쓸 수 있단 말인가? 하지만 책을 써야 한다는 마음이 사라지지 않았다. 그 많은 박사와 학자들, 모두 훌륭한 분들이지만 나같이 작은 여종도 쓸 수 있는 부분이 있지 않을까 하는 마음이 들었다.

우선 시작해 보자. 그래서 컴퓨터 앞에 앉았다. 어디서부터 무엇을 어떻게 써야 할지 알지 못했다. 마치 갈 바를 알지 못하고 떠났던 아브라함처럼 나도 어디로 가야 할지 몰랐다. 그런데 컴퓨터 자판을 두드리기 시작하자 마치 샘솟듯 생각에 생각이 꼬리를 물고 이어져 나왔다. 전혀 상상도 하지 않았던 광경이 눈에 보이는 듯, 나는 그저 자판을 두드리기만 하면 되었다. 그렇게 해서 끝냈다.

끝내고 나니 반은 소설, 반은 다큐가 되었다. 소설이라는 것이 마음에 걸렸다. 위대한 주님의 사도를 소설화하는 것이 옳은 것인가 하는 가책이 생겼다. 주님께, 그리고 사도 바울께 죄송했다. 그래서 몇 년 전 쓴 《명작과 신앙의 만남》의 추천서를 써주신 숙명여대 영문학과 조무석 명예교수님께 원고를 보냈다. 교수님은 두 번 읽으셨다고 했다. "벅찼다"고 좋은 평을 해주셨다. 그럼에도 출판할 수가 없었다.

그렇게 2년이 흘렀다. 그러다 궁금해하실 교수님께 나의 마음을 알려드렸다. 그러자 교수님은 다른 말은 없이 "뒤로 물러가면

내 마음이 그를 기뻐하지 아니하리라"(히 10:38)라는 말씀 한 줄을 보내오셨다. 나는 그 말씀을 붙들고 주님께 "이 책을 출판해도 되겠습니까?" 하고 기도했다. 그러자 주님께서 "그 책을 너 혼자 썼냐?" 하고 물으셨다. 이 말씀에 용기를 내어 출판하기로 했다. 쿰란출판사에서 원고를 받아 주셔서 너무나 감사했다.

  내가 글을 쓰거나 책을 낼 때마다 열렬히 응원해 주는 나의 두 아들(한재준, 한재호)과 이번 출판 비용을 모두 내어준 동생 명대훈, 그리고 아들들 못지않게 응원해 주고 격려해 주는 동생들(명정애, 명자훈)에게도 마음 깊이 사랑과 감사를 전한다. 언제나 주님 안에서 행복하기를 기도드린다.

  모든 것이 주님의 은혜요, 이끄심이다.
  그러기에 주님이 이 책의 주인이요, 원저자이시다.
  주님, 주님만이 홀로 영광 받으시옵소서.

2024년 1월
한정자

차례

서문 _ 4

스데반	_ 13
박해자 사울	_ 21
아나니아	_ 30
아라비아	_ 45
율법과 은혜	_ 50
사명	_ 62
바나바	_ 69

다시 다메섹으로	- 76
야고보와 베드로	- 95
고향 다소	- 149
요나단	- 170
누가	- 205
수리아 안디옥	- 224
선교사 바울	- 230

THE MAN OF JESUS, PAUL

스데반

많은 사람이 이런 질문을 한다. "하나님은 왜 많고 많은 사람 중에 하필 기독교인들을 그렇게도 박해했던 바울을 사용하셨을까?"

이 질문에 대한 답은 바울의 '하나님 사랑' 때문이라는 말로 압축할 수 있을 것이다. 바울은 예수님을 만나기 전부터 하나님을 극진히 사랑한 사람이었다. 기독교인들을 박해하는 그 근저엔 '하나님 사랑'이란 불같은 뜨거움이 있었다. 그 하나님 사랑이 그를 움직이게 하고, 칼을 들게 하고, 스데반을 죽이는 데 가담하게 하고, 기독교인들을 옥에 가두기 위해 다메섹으로 가게 했다. 그는 그 사랑의 폭풍을 잠재울 수 없었다. 자신이 그토록 사랑하는 하나님을 폄훼하는 무리들은 이 땅에서 모두 사라져야 한다는 흔들림 없는 목표, 그것이 그를 몰아쳤다.

사울은 이스라엘의 정통 가문 베냐민 지파에서 태어나 자랐다. 베냐민은 이스라엘의 첫 번째 왕 사울을 배출한 가문이다. 비록 사울 왕이 다윗을 죽이려고 쫓아다니다 비참하게 죽었지만, 솔로몬 이후 나라가 남북으로 나누어질 때 끝까지 다윗의 자손들과 함께하여 남 유다를 지킨 족속이 베냐민 족속이었다. 그러기에 베냐민 지파에 속했다는 것 자체가 그에게는 자랑이요, 긍지였다.

그는 어린 시절 소아시아(지금의 튀르키예) 길리기아 지경에 있는 다소라는 도시에서 자라 세속 문명 세계의 지식과 문화를 섭렵했고, 바리새인 아버지의 적극적인 후원으로 당시 최고의 율법학교인 가말리엘의 문하에서 하나님 말씀을 공부했다. 그의 성품으로 볼 때 그는 율법 공부에도 열심이 특출했으리라는 것을 짐작할 수 있다.

> "나는 유대인으로 길리기아 다소에서 났고 이 성에서 자라 가말리엘의 문하에서 우리 조상들의 율법의 엄한 교훈을 받았고 오늘 너희 모든 사람처럼 하나님께 대하여 열심이 있는 자라"(행 22:3).
>
> "나는 바리새인이요 또 바리새인의 아들이라 죽은 자의 소망 곧 부활로 말미암아 내가 심문을 받노라"(행 23:6).

하나님께 대하여 열심이 있는 자요, 정통 바리새인이었던 그는 율법에 충실하려고 노력했다. 모세의 십계명 외에 거기서 가지처럼 뻗어 나온 613개의 율법을 외우고, 그 외에도 무수히 많은 율법을 온전히 지키며 살려고 얼마나 노력하였던가. 그러나 아무리 열심을 갖고 말씀대로 살려고 노력해도 안 되는 것이 있었다. 죽어도 안 되는 것! 그것은 세상에 대한 욕심과 정욕을 완전히 없애지 못하는 것이었다. 그의 속에서 끊임없이 솟아나는 죄의 욕망, 그것으로 인해 그의 마음엔 진정한 평안이 없었다.

"죄가 기회를 타서 계명으로 말미암아 내 속에서 온갖 탐심을 이루었나니…전에 율법을 깨닫지 못했을 때에는 내가 살았더니 계명이 이르매 죄는 살아나고 나는 죽었도다"(롬 7:8-9).

결국 그는 이러한 자신에 대해 통탄했다.

"오호라 나는 곤고한 사람이로다 이 사망의 몸에서 누가 나를 건져 내랴"(롬 7:24).

율법을 알면 알수록 자기 속에 있는 죄가 더욱더 살아서 꿈틀대는 것이 느껴졌고 죄책감이 머리를 들고 그를 조롱하는 것이었다.
인간으로 태어난 자는 누구나 자기 속에 있는 이 죄의 속성으로 인해 큰 고통을 느낀다. 이것은 자신의 힘으로는 절대 없어지지 않고, 가슴을 쳐도 안 되고 울어도 안 된다. 그리고 언제나 인간 속에 버젓이 살아서 시간이 갈수록 넘치고 넘쳐 슬픔과 어두운 죄책감으로 우울증에 시달리게 한다.
그래서 이 죄덩어리를 없애려고 어떤 이들은 평생 눕지 않고 앉아서 도를 닦기도 하고, 또 어떤 사람들은 깊은 산속에 들어가 면벽수행을 하기도 한다. 심지어 어떤 이들은 자기의 육체를 때리고 치고 무너지라고 학대하고 괴롭힌다. 그런데 그러면 그럴수록 더러운 시궁창 속에 엎드려 있던 죄라는 놈은 더욱더 뚜렷이 살아서 인간을 향해 주먹을 흔들며 그 존재를 확인시켜 줄 뿐이다. 인간은 자신을 깊이 들여다볼수록 자기 속에 똬리를 틀고 있는 죄의 본질을 더 잘 볼 수 있기 때문이다.

사울 역시 죄의 뿌리에서 태어난 자신의 죄성을 어쩌지 못했다. 히브리인 중의 히브리인이요 율법으로는 흠이 없다고 목을 곧게 세우고 있었지만 하나님의 엄위하심 앞에선 여전히 자신은 죄인이었다. 그분은 엄연히 계시고 불꽃 같은 눈으로 자신의 일거수일투족을 살피고 계시는 분이었다. 그러면 어떻게 해야 하나. 그분이 기뻐하고 좋아하실 일, 나의 죄를 덮어 버리고도 남을 만한 일을 하자. 그러면 하나님의 사랑을 잃지 않게 되리라. 그는 자신의 죄성을 하나님께 대한 충성심으로 해결할 수 있다고 믿었다. 마침 자신의 충성심을 보여 줄 기회가 왔다.

예수라는 존재가 나타나고 그를 따르는 무리가 생겨난 것이다. 사울이 보기에 그들은 정말 끔찍한 이단이었다. 인간이 감히 거룩하신 하나님을 참칭(僭稱)하다니! 그런 인간과 그런 인간을 좇는 자들은 당연히 없애 버려야 해.

예수님이 십자가에 달리실 때 사울(바울)이 어디서 무엇을 하고 있었는지에 대한 기록은 성경에 없다. 그때 그가 예루살렘에 있었다면 틀림없이 예수님을 못 박으라고 소리치는 군중 속에 있었거나, 대제사장들 옆에서 예수를 정죄하는 사람 중 한 사람이었을 것이다. 그러나 성경에서 그가 처음 등장하는 장소는 스데반이 돌에 맞아 순교하는 자리였다.

예수의 십자가 처형 소식은 이미 들었다. 그런데 사울이 도저히 이해할 수 없는 것은 그렇게 죽은 그 이단아를 아직도 많은 무리가 좇고 있다는 것이다. 그 무리 중 우두머리들은 무언가 유별난 능력도 있다고 들었다. 사울은 그 능력이라는 것도 소위 이단들이 늘 행하는 별난 재주에 불과할 것이라고 생각했다. 그렇지 않은가? 사탄도 광명의 천사로 나타나 기적과 이적을 행한다. 그는 율법을 공부하면서 하나님을 대적하는 무리의 속성에 대해서도 충분히 공부한 터였다. 그러므로 스데반이라는 젊은이가 예수의 이름을 빙자하여 무슨 기적을 일으켰다고 하고, 율법을 폐하고 저 이단아를 좇으라고 사람들을 선동한다고 하니 주목하고 있었던 차다.

어느 날, 사람들이 스데반을 에워싸고 그와 더불어 논쟁을 벌였다. 그러나 그들은 성령과 하나님의 지혜로 충만한 스데반을 이길 수 없었다. 그들은 자기들이 패배하자 더욱 화를 내며 스데반을 잡아 공회에 데리고 가 그가 모세와 율법과 하나님을 거스르고 신성모독을 한다며 고소했다.

대제사장 가야바가 그 말을 듣고 그 자리에 있던 사울에게 지시를 내렸다.

"이 일을 사울, 자네에게 맡기겠네."

그러지 않아도 사울의 마음은 이미 스데반을 향한 분노와 증오로 활활 불타오르고 있던 참이었다. 감히 자기가 하나님의 아들이라고 사람들을 미혹하다 십자가에 처형된 죄인을 메시아라고 떠받들다니, 세상을 어지럽히고 율법을 유린하며 하나님을 대적하는 자다! 율법엔 하나님을 대적하고 훼방하는 자는 돌로 쳐 죽이라고 되어 있다. 저 녀석을 반드시 죽이리라. 그는 군중을 향해 스데반을 에워싸라고 외쳤다. 그리고 자신이 그들의 옷을 맡겠노라고 했다. 군중이 자기들의 옷을 벗어 사울 앞에 쌓아 놓았다.

스데반이 설교를 시작했다. 그의 설교를 듣는 동안 사울은 속으로 몹시 놀랐다. 유대의 역사와 함께 성경을 꿰뚫는 논리정연하고 지혜가 충만한 그의 설교는 자신이 가말리엘 문하에서 열심히 공부한 내용과 조금도 다르지 않았기 때문이다. 그뿐 아니라 진리를 확신하는 자의 열정을 가지고 쏟아내는 그의 설교는 마치 살아 있는 날선 검처럼 군중의 마음을 사정없이 찔러대고 있었다. 사울은 무지하고 단순한 이단의 폭도 중 한 놈일 뿐이라고 생각했던 스데반의 해박한 성경 지식과 그의 진정성에 자기도 모르게 빠져들었다.

그러나 마지막에 스데반이 "당신들이야말로 성령을 거스르고 선지자들을 박해하며 의인이 오시리라 예고한 자들을 죽였던 당신의 조상들처럼 바로 그 의인을 박해하고 잡아 죽인 사람들이오"라고 했을 때 정신이 번쩍 났다. 뭐라고? 우리가, 아니 내가 의인을 잡아 죽인 살인자라고? 마침 군중도 똑같이 흥분하고 있었다. 누군가 첫 번째로 돌을 들어 스데반을 향해 던졌다. 그러자 우르르 너도 나도 돌을 들어 스데반을 향해 돌을 던지기 시작했다. 그러나 스데반은 조금도 굴하지 않고 오히려 하늘을 우러러보며 "보라, 하늘이 열리고 인자가 하나님 우편에 서신 것을 보노라!" 하고 외쳤다. 그때 그의 얼굴이 해처럼 빛났다. 사람들은 스데반이 그럴수록 상처 입은 짐승처럼 더욱더 살기등등하여 스데반을 향해 더 세게 돌을 던졌다. 그리고 마침내 스데반이 그 자리에 무릎을 꿇고 엎드려 죽었다.

사울은 옷을 맡고 있었기에 돌은 들지 않았지만 그의 가슴엔 저 군중들과 똑같이, 아니 그들보다 더 큰 분노와 미움이 뭉게구름처럼 가득 피어올랐다. 심장에서는 뜨거운 피가 끓어올랐다. 감히 하나님을 빙자해 우리를 책망해? 군중이 소리를 지를 때 사울도 함께 소리 질렀다. 운동 경기장에서 자기편을 응원하는 군중의 함성처럼…. 그리고 스데반이 죽자 그의 죽음은 마땅하다고 생각했다. 저런 자는 마땅히 죽어야 해. 스데반이 죽었어도 분이 가시지 않았다. 어떻게 저런 놈이 다 있지? 도무지 화가 가라앉지 않았다. 사람들이 흩어지고 사울도 집을 향해 걸음을 옮겼다.

죽어 마땅해, 그놈은 죽어야 했어. 그런데 왜일까? 그의 걸음이 전처럼 곧고 씩씩하지 않았다. 마음 한구석에서 조그맣게 소리치고 있는 무엇이 있었다. 비록 소리는 작았지만 끈질기게 그의 마음을 긁어댔다. 그렇다. 스데반의 얼굴, 바로 그 얼굴이었다. 보통 돌에 맞아 죽는 사람들은 얼굴이 새파랗게 질리거나 울거나 소리치며 살려달라고 애원한다. 그리고 대부분 벌벌 떨며 그만 그 자리에 주저앉는다. 그는 그렇게 죽는 사람을 여럿 보았다.

그런데 스데반이라는 청년, 그의 얼굴… 그건 뭐지? 도무지 이해할 수 없는 담대함, 확신에 찬 설교, 죽음도 두려워하지 않는 당당함…. 그리고 그 얼굴에서 뿜어져 나오던 그 밝음, 그 빛은 뭐였을까? 하늘을 향하여 환하게 웃으며 부르짖었던 그 말들…. 도대체 그는 무엇을 보았단 말인가? "보라, 하늘이 열리고 인자가 하나님 우편에 서신 것을 보노라"라고 하다니, 혹시 정신이 어떻게 된 거 아냐? 하지만 그건 분명 아니다. 정신이 이상해진 사람의 얼굴이 그처럼 해같이 밝아질 수는 없다. 그리고 그가 마지막에 했던 말들…. "주 예수여 내 영혼을 받으시옵소서." 그리고 또 뭐라고 했지? 아! "주여, 이 죄를 저들에게 돌리지 마옵소서."

여기까지 생각이 미치자 소름이 돋았다. "이 죄를 저들에게 돌리지 마옵소서." 한번 그 말을 그대로 중얼거려 보았다. 가슴이 뛰었다. 죄의 문제로 늘 한쪽 가슴이 아렸던 사울이었다. 죄! 저 반역도가 우리의 죄를 사해 달라고 빌다니! 아, 이건 뭐지? 뭘까? 그는 머리를 세차게 흔들었다. 아냐, 아니라구. 그는 뛰는 가슴을 진정시키기 위해 마구 달리기 시작했다. 헐떡거리며 달리고 또 달렸다.

박해자 사울

사울은 여러 날 몸이 좋지 않았다. 마음도 불편했다. 스데반의 죽음이 계속 머릿속에 떠올랐다. 그래, 역시 그놈은 죽어야 했어. 그리고 역적 예수를 따르는 자들도 다 없애야 해. 스스로 하나님을 사칭한 자를 좇다니, 그런 이단자들은 주저 없이 다 죽이라고 하나님도 그렇게 말씀하지 않으셨나? 하나님은 미디안 여인을 이스라엘 진영으로 끌고 들어왔던 이스라엘 남자와 그 여인을 창으로 찔러 죽였던 비느하스를 "하나님의 질투심으로 질투하여 하나님의 노를 돌이키게 했다"라고 칭찬하셨다.

율법에 정통한 나를 속일 수는 없지. 지금까지 난 하나님의 율법을 어긴 적도, 의심해 본 적도 없어. 그게 내 삶이었고 내가 마지막까지 달려가야 할 길이지. 비록 죄의 문제로 몸부림치며 울부짖을 때도 있지만 하나님의 율법을 떠나는 일은 결코 나에게 있을 수 없어. 그래! 그들을 처치해야 돼. 나는 그들을 땅끝까지 쫓아가 완전히 박멸해야 할 사명을 받았어. 그것을 위해 내 삶을 하나님께 드리겠어.

이렇게 생각하면서도 도저히 이해할 수 없는 스데반의 환한 얼굴과 자신을 향해 돌을 던지는 사람들을 용서해 달라던, 말도 안 되는 기도, 그런 것들이 그의 마음을 어지럽혔다. 그는 도대체 하늘에서 무엇을 봤단 말인가? 어쨌든 난 이해할 수 없어. 아니, 이해하고 싶지도 않아. 다만 지금 이 불편한 마음을 어서 정리해야 돼.

사울은 자신을 추스르기 위해 대제사장에게로 발걸음을 옮겼다. 늘 가는 길이었지만 이날따라 그 길이 몹시 멀어 보였다. 그래서 더 빠른 걸음으로 걷기 시작했다. 예루살렘 거리는 아무 일도 없었다는 듯이 평소와 다름이 없었다. 로마 병정들이 긴 칼을 차고 지나가고, 백부장도 말을 타고 그의 곁을 지나쳤다. 저기 상을 펴놓고 장부를 정리하고 있는 유대인 세리가 보였다. 사울은 눈살을 찌푸렸다. 못된 것들, 로마 정부에 빌붙어 동족을 팔아 돈을 모으는 구더기 같은 놈들…. 그는 그 세리의 얼굴을 알고 있었지만 모른 척하고 성전을 향해 달리다시피 걸어갔다.

성전에 도착해 이방인의 뜰을 지나고 여인들의 뜰도 지나 번제단이 있는 성전 첫째 뜰에 도달했다. 여기에 들어서면서부터 그의 마음이 좀 차분해졌다. 늘 그렇지만 이방인의 뜰, 여인들의 뜰, 그런 곳에선 마음이 편치 않았다. 여인들이나 이방인들과 옷이라도 스칠까 늘 앞뒤를 살피며 걸었다. 비록 마음 가장 깊은 곳에 죄책감이 있었지만 다른 한편으로는 정결, 순수, 의로움, 계명의 완수자, 그것을 자신의 가장 중요한 모토이자 자랑으로 여겼기 때문이다.

마침 대제사장 가야바가 자기 집무실에서 나와 몇몇 산헤드린 의원들과 잡담을 나누며 성전 뜰 안을 걷고 있었다. 가야바와 사울은 사제 간은 아니었지만 율법을 숭앙하는 바리새파라는 점과 새로 생긴 이단 나사렛파를 이 땅에서 없애고자 한다는 점에서 완전히 일치하는 관계였기에 늘 서로를 다정하게 대했다. 가야바는 빠른 걸음으로 다가오는 사울을 보며 만면에 환한 미소를 띠었다. 스데반이라는 천하에 몹쓸 놈을 죽이는 데 사울을 그 지킴이로 보냈던 가야바였다. 사울은 가야바의 하달대로 자신의 임무를 잘 수행했다.

가야바가 사울에게 말했다. "어, 마침 잘 왔군. 그렇잖아도 우리가 지금 자네 이야기를 하고 있던 중일세. 잘했어. 역시 자네는 우리 바래새파 중에서도 특히 전도유망한 일꾼일세."

사울은 그런 그의 칭찬에 익숙해 있었다. 그렇게 기쁘거나 자랑스러운 것은 아니었지만 그는 겸손한 자세로 가야바에게 접근했다.

"모두 대제사장님의 배려와 후원 덕분이었습니다. 감사합니다. 그런데 한 가지 의논드릴 일이 있어서 찾아뵈었습니다."

"그게 무언가? 자네가 원하는 것은 무엇이든 다 도와주겠네."

"네, 감사합니다. 다름 아니라 아무리 생각해도 저 하나님을 훼방하는 나사렛파 이단 무리를 완전히 없애 버리지 않으면 안 되겠습니다. 허락만 해주십시오. 지금 저들은 스데반의 죽음으로 극도로 흥분해 있어 무슨 일을 저지를지 모르니 이참에 아예 기를 펴지 못하도록 완전히 박멸해야 하겠습니다."

가야바는 이처럼 기쁜 요청을 받은 적이 없다는 듯 파안대소하며 사울의 어깨를 두드렸다.

"암, 그렇고말고. 모든 힘을 다 동원해서 그 잔당들을 쓸어 버려주게. 우리가 힘센 사람들을 붙여줄 테니 조금도 걱정하지 말고 일을 준행하게."

가야바와 함께 있던 다른 바리새인들도 그들의 대화를 흐뭇하게 들으며 사울을 칭찬했다. "그래, 역시 자네는 우리의 기대를 저버리지 않는군!" 모두 한마디씩 하며 믿음직한 사울을 향해 손을 흔들었다.

사울은 이제 막 서른 살이 됐다. 얼마든지 중대한 임무를 수행할 수 있는 나이다. 그동안 사울을 유심히 보아왔던 가야바는 그의 율법에 대한 남다른 투철함과 행동력에 언제나 감탄하고 있었다. 그런데 본인이 자원하여 눈엣가시 같은 나사렛파들을 척결하겠다고 하니 이 얼마나 고마운 노릇인가. 하나님은 역시 우리 편이시다. 사울의 이 열심이야말로 하나님이 저 이단을 완전히 박멸하라고 하시는 신호가 아닌가. 가야바와 그 무리는 사울에게 나머지 나사렛파들을 척결할 수 있는 권한을 허락하는 허가장을 발급해 주었다. 거기엔 가야바의 인장이 뚜렷이 박혀 있었다.

사울은 대제사장과 바리새인들의 기대를 받으며 성전을 떠났다. 가야바는 자신들의 수족과 같은 사람들을 불러 사울에게 붙여주고 비용도 두둑이 전해주었다. 너무나도 듬직한 사울이다. 그들은 얼마 후, 자신들이 그처럼 신뢰하던 바로 그 청년이 자기들을 배반하고 저 이단의 괴수 중 하나가 되리라고는 꿈에도 생각하지 못했으리라.

대제사장으로부터 나사렛파들을 척결하라는 공식 허가장을 받은 사울은 날개를 단 것 같았다. 거기에 자기와 함께하는 동지들까지 생겼으니 더할 나위가 없었다. 그는 당장 예수 이단 무리를 색출하기 위한 작업을 시작했다. 우선 베드로라 하는 자가 설교할 때 3천 명이나 되는 사람이 세례를 받고 나사렛 당원이 됐다고 하니, 베드로는 물론 그 자리에 있던 인간들을 찾아 잡아야 했다. 남녀노소를 불문하고 그 무리가 모이는 장소나 집을 샅샅이 뒤졌다. 그동안 성전에서 모이던 그 무리는 스데반의 죽음 이후 더이상 그곳에 모이거나 공개석상에서 설교하는 일이 없었다. 그러나 그들의 종적을 살피는 일은 가능했다. 그들의 동태를 알려주는 사람들은 얼마든지 있었기 때문이다.

스데반의 죽음이 사울의 살기(殺氣)에 불을 지폈다. 마음 한구석에서 흐릿하게나마 피어오르려는 의문…. 스데반의 환한 얼굴과 그의 마지막 기도가 자꾸 마음을 어지럽히려 할 때마다 그는 고개를 홱 젖혔다. 그러고는 그 생각을 완전히 지워 버리기 위해 더 살기등등한 모습으로 나사렛파 이단 무리를 잡아들여 감옥에 처넣기도 하고 그들을 향해 채찍을 휘두르기도 했다. 아이들과 여성들이 울부짖고, 남정네들은 고개를 숙인 채 사울의 무자비한 폭력에 순순히 끌려갔다. 한동안 예루살렘에서는 사람들의 비명과 울부짖는 소리가 그치지 않았다. 그럴수록 사울은 가야바와 산헤드린 회원들의 응원을 받으며 더욱 의기양양해졌다.

얼마의 시간이 흘러 예루살렘에서의 색출 작업이 어느 정도 마무리되자 사울은 다시 가야바를 찾아갔다. 자신의 활약에 대한 보고도 하고 수리아의 다메섹까지 가서 그 이단 무리를 처형하기 위해서였다. 다메섹에는 북이스라엘이 앗수르에 멸망당했을 때, 그곳으로 끌려갔던 이스라엘 사람들이 많이 눌러앉아 살고 있었다. 그래서 그곳엔 유대인 회당도 있다. 이스라엘 민족은 가는 곳마다 먼저 회당을 세우고 그 회당을 중심으로 공동체를 이루며 살았기 때문이다. 유대인들이 이처럼 여러 나라에 흩어져 살게 된 것은 북이스라엘과 남유다 모두 앗수르와 바벨론의 포로로 잡혀간 적이 있었기 때문이다. 그 외에도 수많은 주변 국가와의 전쟁을 통해 유대인들은 여기저기 흩어져 전 세계적인 디아스포라가 되었다. 다메섹은 특히 이스라엘과 접경지대였기에 많은 유대인들이 살고 있었고 예루살렘의 종교 지도자들은 다메섹의 유대인들을 관할할 수 있는 권리가 있었다.

사울의 계획을 들은 가야바와 산헤드린 회원들은 대환영이었다. 예루살렘에서의 활약도 놀라운데 이제는 이스라엘 밖에까지 가서 저들을 잡아오겠다고 하니 얼마나 대단한 열심인가. 역시 사울은 우리의 기대 이상의 일을 해내는 참 일꾼이요, 장래가 촉망되는 바리새인으로 흠결 없는 청년이다.

가야바와 그와 함께 있던 산헤드린 회원들, 바리새인들, 서기관들은 모두 사울의 어깨를 두드리며 칭찬을 아끼지 않았다. '자네 같은 사람은 없네. 정말 충성스러운 하나님의 종이야.' 그들은 당장 새로운 허가장을 만들어 주었다. 나사렛 잔당을 잡는 일을 위해서라면 어느 지역, 어느 나라를 막론하고 모든 전권을 그에게 주겠다는 허락이 담긴 문서였다.

사울은 이들의 극진한 환송을 받으며 성전을 떠났다. 그리고 하루가 지나 아침이 되자 곧 동지들을 불렀다. 그는 자신이 받은 허가장을 보여주며 어서 속히 다메섹으로 가야 한다고 말했다.

"우리가 받은 이 사명은 대단히 중대한 것이요. 하나님께 충성하기를 원하는 여러분이야말로 하나님께 커다란 상급을 받게 될 사람들이요. 어서 속히 가서 하나님께서 우리에게 명하신 이 중대한 일을 완수합시다. 우리 하나님을 폄훼하고 감히 스스로 하나님이라 칭하는 자를 따르는 반역자들을 어찌 그냥 두고 볼 수 있겠소?"

"옳소! 우리는 생명을 걸고 이 일에 몸과 마음을 바치겠습니다." 모두 손을 번쩍 들고 사울의 말에 화답했다. 그들의 손에 몽둥이와 검, 채찍 같은 것들이 쥐어졌다. 그들은 말을 타고 북쪽을 향해 빠르게 달리기 시작했다.

그들은 열심히 달려 이스라엘 지경을 벗어나 수리아 지방으로 들어섰다. 이제 목적지가 가까워졌으니 조금 천천히 가도 되겠다는 안도감이 생겼다. 그들은 여유를 부리며 천천히 말을 몰았다. 저 이단자들을 잡으면 어떻게 끌고 갈까? 이런 이야기를 주고받으며 가고 있을 때였다. 갑자기 하늘에서 해보다 더 밝은 빛이 번개처럼 날아오더니 사울을 향해 내리꽂혔다. 그와 동시에 사울이 '아앗!' 하며 말에서 떨어져 땅바닥에 뒹굴었다. 잠시 후 엎드러졌던 사울이 꿈틀거리며 일어나려고 할 때였다. 하늘에서 우레 같은 소리가 들려왔다.

"사울아, 사울아, 네가 어찌하여 나를 박해하느냐? 가시채를 뒷발질하기가 네게 고생이구나!"

"주여, 누구십니까?" 사울이 떨리는 목소리로 대답했다.

"나는 네가 박해하는 예수다. 일어나 네 발로 서라. 그리고 시내로 들어가라. 네가 행할 것을 네게 이를 자가 있다."

같이 가던 사람들은 어떤 강렬한 빛이 비친 것과 우레 같은 소리가 웅웅거리는 것 외에는 다른 소리를 듣지 못하였다. 그런데 갑자기 사울이 무너지듯 땅에 고꾸라져서 누군가와 대화를 하는 것 같았다. 사람들은 영문을 모른 채 사울을 바라보기만 했다.

한참을 고꾸라져 있던 사울이 엉거주춤 일어났다. 그런데 이게 웬일인가? 앞이 캄캄했다. 눈에 검은 안개가 낀 것처럼 아무것도 보이지 않는 것이다. "앞이 안 보여." 사울이 두 팔을 허우적대며 중얼거렸다. 동료들이 사울의 손을 잡아 일으켰다. 그렇게도 기세등등하고 자신만만하던 사울이 실명하고 나니 순식간에 기가 다 빠져버린 사람이 되었다. 아, 이럴 수가? 동료들이 혀를 끌끌 찼다. 사울은 그들에게 손을 맡긴 채 간신히 말했다. "나를 다메섹 시내로 데려다 주게."

그들은 사울의 손을 이끌고 다메섹 시내의 직가에 살고 있는 유다의 집으로 갔다. 나사렛 이단들을 잡아가려던 일이 무산되었다. 사울의 동료들은 앞장서서 자기들을 이끌던 사울이 저렇게 맹인이 되고 말았으니 이제 무엇을 해야 할지 알 수 없었다. 사울은 완전히 기진맥진하여 먹지도 못했다. 아무리 먹을 것을 갖다주어도 머리를 흔들며 못 먹겠다고 물리치기만 했다.

이때 사울은 짙은 어둠 속에서 생각했다. 그분이 정말 예수님인가? 아무리 부인하려고 해도 지금 당장 내 눈을 찌를 듯이 밝게 빛나던 그 빛과 음성은 도저히 부인할 수 없다. 지금 내가 보지 못하게 된 이것이야말로 부인할 수 없는 명백한 증거가 아닌가? 그 음성은 분명 "나는 네가 박해하는 예수다"라고 했다. 그리고 내가 행할 일이 있다고 했다.

지금까지 나는 예수를 이단의 괴수로만 생각했다. 그래서 그를 좇는 무리를 미워했고 하나님을 모욕하는 저들에게 분개했다. 그래서 채찍질하고 감옥에 처넣었다. 그런데 내가 미워했던 바로 그 예수가 나에게 말을 걸어왔다. 그 밝은 빛과 함께. 너무나도 위엄이 넘치던 그 음성…. 그러나 그분은 자신과 자신을 좇는 사람들을 감옥에 처넣고 죽이는 나를 오히려 한없이 불쌍히 여기는 듯 부드러운 음성으로 "가시채를 뒷발질하기가 네게 고생이구나"라고 하셨다. 나사렛 파들에 대한 증오심을 품고 사는 것, 그것이야말로 내게 고생이라는 듯. 아, 앞으로 난 어떻게 되는 걸까?

무언가 잘못되었던 것이 분명하다. 어쩌면 예수라는 사람은 내가 생각하고 있던 그런 이단자가 아닐지도 모른다. 그렇지 않고서야 하늘에서 그처럼 찬란하게 비추는 빛과 함께 그렇게 가슴 서늘한 음성이 들려올 수 없다. 만약 예수가 정말 저들의 말대로 하나님의 아들이라면 난 어떻게 될까?

그는 온갖 생각과 회한, 의심, 두려움과 함께 다른 한편으로는 알지 못할 신비한 세계를 흘끗 본 듯한 느낌이 뒤범벅이 된 채 아무것도 먹을 수 없었고 잠도 이룰 수 없었다. 함께했던 동료들조차도 두려워하는 것 같았다. 그들은 사울에게 무슨 엄청난 일이 일어난 것이 분명한데 그게 무엇 때문인지 알 수 없었다. 사울은 자신이 들은 것을 일체 말하지 않았다. 아니, 말할 수가 없었다. 그들은 사울이 예수에 대해 설마 이런 생각을 하고 있으리라고는 상상도 하지 못할 게 분명했다. 그들은 그저 마른하늘에서 벼락이 떨어져 사울의 눈을 멀게 했다고만 생각하고 있었다. 사울은 혼자 괴로워하며 고통하고 있었다. 아팠다. 가슴 한구석이 뼈개지도록 아팠다. 슬픔 같기도 했다. 자신이 한없이 작아지는 것 같기도 했다. 그는 방 한구석에 구부리고 누워 아무 말도, 아무 기척도 없이 괴로워하며 한숨만 쉬고 있었다.

아나니아

    사울은 무엇보다도 앞으로의 일이 캄캄했다. 무엇을 하며 살아야 한단 말인가? 그는 예루살렘 성전 앞에서 구걸하고 있는 맹인들을 생각했다. 율법에 충실했던 그는 그들이 자신의 죄 아니면 조상들의 죄 때문에 그렇게 된 것이라 생각했기에 가끔 동전을 던져 주기는 했지만 한 번도 마음으로 깊은 동정을 해본 적이 없었다. 죄 가운데 태어난 그들은 당연히 죗값을 받아야 한다고 생각했다. 그런데 가장 율법적으로 살던 내가 맹인이 되어 버렸다. 바리새인 중의 바리새인인 내가…. 바리새인은 몸에 그 어떤 흠집도 있어선 안 되었다. 그런데 졸지에 맹인이 되어 죄인이란 낙인이 찍힌 것이다. 그런 내가 앞으로 무엇을 할 수 있단 말인가? 도저히 저 성전 앞의 맹인 걸인들처럼 살 수는 없다.

    생각이 거기까지 미치자 그는 머리를 싸매고 누워 있던 자리에서 일어나 앉아 맹렬한 기세로 기도하기 시작했다. 그가 평생 드렸던 기도를 다 합친 것보다 더 간절하게, 마음 깊은 곳에서부터 우러나오는 절실함으로 기도했다.

"주여, 나를 도우소서. 주께서 나를 깊은 웅덩이와 어둡고 음침한 곳에 두셨나이다. 주여, 내가 이 깊은 어둠 속에서 주를 앙망하나이다. 주의 인자하심으로 내 영혼을 이 깊고 캄캄한 곳에서 건져 주옵소서."

이렇게 간절하게 기도한 지 사흘째 되던 날 새벽, 기도하는 중에 그는 아나니아라는 사람이 찾아오는 것을 환상으로 보았다. 그가 자기에게 안수하자 눈이 다시 뜨이고 앞이 환히 보이는 것이었다. 이게 뭐지? 꿈인가? 그렇게 생각하며 기도를 계속하고 있을 때였다. 얼마나 시간이 지났을까, 누군가가 자기를 찾아왔다고 했다. 그 순간, 새벽 환상 중에 보았던 그 사람이 언뜻 머리에 스쳐 지나갔다.

그를 찾아온 사람은 다메섹의 주민으로 예수를 믿고 거듭난 아나니아였다. 대략 40세 전후의 그는 경건한 사람으로 다메섹의 모든 유대인에게 칭찬을 듣는 사람이었다. 그런 그가 유월절이 되어 예루살렘에 제사드리러 갔다가 거기서 베드로의 설교를 듣고 예수님을 영접하게 되었다. 그는 다메섹으로 돌아온 후 은밀하게 복음을 전하고 있었다. 그도 사울이 살기등등하여 예루살렘에서 많은 주의 제자를 잡아 옥에 가두고 채찍을 휘두르다 이제 다메섹의 제자들까지 잡기 위해 오고 있다는 소식을 듣고 있었다. 사울이 이곳에 온다면 이 도시에 있는 예수 믿는 우리는 다 어떻게 될까? 아나니아는 주의 능하신 손길로 제자들을 지켜 달라고 밤낮으로 기도하고 있었다. 그렇게 기도하던 지난 밤중에 환상을 보게 되었다. 그 환상 속에서 예수님이 그에게 나타나 말씀하셨다.

"일어나 직가라 하는 거리에 있는 유다의 집에 가서 다소 사람 사울을 찾아라. 그가 기도하는 중이다. 그가 기도 중에 아나니아라 하는 사람이 들어와 자기에게 안수하여 다시 보게 하는 것을 보았느니라."

"주여, 이 사람에 대하여 내가 여러 사람들에게 들었습니다. 그가 예루살렘에서 주의 성도들에게 많은 해를 끼치고 여기서도 주의 이름을 부르는 사람들을 결박할 권한을 대제사장에게서 받았다고 합니다."

"가라. 이 사람은 내 이름을 이방인과 임금들과 이스라엘 자손들에게 전하기 위하여 택한 나의 그릇이다. 그가 내 이름을 위하여 얼마나 고난을 많이 받아야 할 것인지를 내가 그에게 보이리라."

아나니아는 이 말씀을 듣고 아침 일찍 일어나 직가에 있는 유다의 집을 찾아 나섰다. 그 집은 쉽게 찾을 수 있었다. 그가 대문을 두드렸다. 잠시 후 주인이 나왔고 아나니아가 사울을 만나러 왔다고 하니 주인이 선선히 그를 안내하여 사울 앞으로 데리고 갔다.

"안녕하십니까?"

아나니아가 사울을 보며 인사했다. 사울은 두 손을 허우적거리며 손님을 맞이하기 위해 일어나려고 애를 썼다. 아나니아가 그런 그를 만류하며 자리에 다시 앉혔다. 아나니아는 사울의 얼굴을 찬찬히 훑어보았다. 성도들을 무차별로 잡아 감옥에 처넣고 때리고 윽박지른 사람의 잔인한 모습을 상상했는데 의외로 사울의 얼굴엔 한없는 슬픔과 고뇌의 그림자만 어른거릴 뿐, 그 어디에서도 잔인하고 모진 모습은 찾아볼 수 없었다. 게다가 눈까지 감고 있으니 완전 무방비 상태로 잡혀 온 전쟁포로 같은 모습이었다.

아나니아는 측은한 마음도 들었고 혹시라도 사울이 저항할지 모른다는 염려에 그에게 조용한 말로 위로했다.

"저는 아나니아라고 합니다. 오늘 새벽 우리 주님께서 저에게 다소 사람 사울이라 하는 사람을 찾아가 그에게 안수하여 다시 보게 하라고 하셨기에 그 명령을 받들고 형제에게 왔습니다. 저는 당신이 어떤 사람인지 알고 있습니다. 당신은 예수님과 그분의 제자들을 박해했지만 당신이 박해했던 예수님께서는 형제를 택하여 자기 뜻을 알게 하시며 그 입에서 나오는 음성을 듣게 하셨습니다. 형제는 이 모든 일을 통해 예수님이 우리가 그토록 기다려 왔던 그리스도요, 하나님의 아들이심을 깨닫게 되실 겁니다. 그리고 앞으로 당신은 우리 주님을 위하여 많은 사람들 앞에서 보고 들은 것을 증거하게 될 것입니다."

사울은 묵묵부답이었다. 무슨 말을 할 수 있을 것인가? '하늘로부터 들려온 그 음성은 지금도 귓가에 쟁쟁하다. 그분의 말씀을 미루어 보건대 지금 내게 말하는 이 사람의 말이 모두 진실임을, 그리고 나를 이렇게 만든 그분의 모든 말씀이 진리임을 믿지 않을 수 없다.' 사울은 속으로는 이렇게 생각했으나 어떤 말도 할 수 없었다. 아나니아가 다시 말을 시작했다.

"당신으로부터 여러 가지 이야기를 듣고 싶습니다만, 우리 주님의 말씀을 실행하는 것이 우선이기에 당신께 묻겠습니다. 저의 안수를 받으시겠습니까?"

사울이 말했다.

"고맙습니다. 저도 주님께서 저에게 찾아올 사람이 있다고 말씀하셨습니다. 네, 안수해 주십시오."

그는 매우 온순한 태도로 대답했다.

아나니아는 혹시라도 사울이 저항할지도 모르겠다는 염려를 하고 왔는데 주님께서는 이미 이 사람을 순한 어린아이처럼 머리를 숙이게 해놓으셨다! 아무 말 없이 고개를 숙이고 있는 사울을 보니 갖가지 생각이 떠오르며 더욱 가엾은 마음이 들었다. 아나니아는 조용히 사울에게 다가가 그의 머리에 손을 얹었다.

"형제 사울이여, 당신이 이곳에 오던 길에 나타나셨던 주 예수님께서 저를 당신에게로 보내셨습니다. 이제 당신은 저의 안수를 통해 다시 보게 될 것이고 성령으로 충만하게 될 것이오."

아나니아가 이렇게 말하며 "주 예수 그리스도의 이름으로 명하노니 사울은 성령 충만을 받고 감긴 눈이 뜨여질지어다!" 하고 외치자 곧 사울의 눈에서 비늘 같은 것이 벗겨지며 다시 볼 수 있게 되었다.

사울이 놀라 아나니아와 그 자리에 함께 있던 동료들과 집주인 유다를 번갈아 바라보았다. 그는 이런 놀라운 일들이 연거푸 일어나는 것에 소름이 돋았다. 갑자기 눈을 멀게 하고 순간적으로 눈을 뜨게도 하는 예수, 그는 정말 어떤 존재인가? 그런 생각을 할 겨를도 없이 아나니아가 "이제 무엇을 주저하십니까? 세례를 받으시고 형제가 지금까지 지은 모든 죄를 용서받으십시오" 하고 말했다.

그 권유를 물리칠 이유가 없었다.

"네, 당신이 하라는 대로 하겠습니다. 세례를 받으려면 어떻게 해야 합니까?"

아나니아가 대답했다.

"형제 사울이여, 당신은 당신에게 일어난 이 모든 일을 통해 예수님이 어떤 분인지 알게 되었소. 이제까지 주님을 대적했던 죄를 회개하고 돌이켜 예수님을 당신의 주요, 그리스도로 영접한다면 당신이 그동안 지은 모든 죄를 그분이 십자가에서 흘린 피로 씻음 받고 하나님의 아들로 거듭나게 될 것입니다. 당신이 다메섹 도상에서부터 지금까지 경험한 모든 것이 예수님이 참 하나님의 아들이심을 증거하고 있습니다. 이 예수님을 당신의 주님으로 영접하시겠습니까?"

사울은 잠시 망설였다. 그러나 '내가 이 며칠 사이에 겪은 여러 가지 일, 이 모든 것이 예수가 하나님의 참 아들이라는 것을 드러내주는 명백한 증거다'라고 생각했다. 그리고 누군가가 자신을 재촉하는 듯한 느낌과 함께 지금 이 제안을 받아들이지 않는다면 다시는 구원받을 기회가 없을 것 같은 절박한 마음이 들었다. 그는 말했다. "네, 제가 다메섹으로 오던 길에서 들었던 그분의 음성과 또 맹인 되었다가 눈을 뜨게 된 이 모든 일을 통해 그분이 확실히 하나님의 아들이심을 믿습니다. 지금까지 저는 알지 못하여 예수님을 대적하였고 주님을 따르는 많은 사람을 박해하였습니다. 이제 진심으로 회개하며 예수님을 나의 주님으로 영접하고 그분을 따르겠습니다."

살림이 넉넉했던 유다의 집에는 우물이 있었다. 그들은 뒤뜰에 있는 우물로 가서 커다란 물통에 물을 부었다. 아나니아는 사울의 머리에 손을 얹고 "하나님 아버지와 그 아들 우리 주 예수 그리스도와 성령의 이름으로 내가 사울에게 세례를 주노라"라고 말하며 사울을 물속에 집어넣었다 일으켰다. 사울의 눈에서 눈물이 흘러내렸다. 물속에서 일어날 때 온몸을 관통하며 지나가는 어떤 충격적인 뜨거운 감동이 있었다. 내 평생에 이런 감동적인 순간이 있었나? 가말리엘 문하에서 공부하면서 누구보다 총명했던 그를 모두가 칭찬할 때도 이런 감동은 없었다. 그때는 우쭐하고 스스로가 자랑스러웠다. 그런데 지금은 한없이 작아지고 있었음에도 영혼 밑바닥에서부터 솟아오르는 뜨거운 전류가 그를 울지 않을 수 없게 했다. 물속에서 올라와 머리부터 흘러내리는 물과 함께 물인지 눈물인지 모르는 물을 쏟아냈다.

아, 난 그때 정말 몰랐다. 스데반이 죽어 가면서도 그토록 천사처럼 환한 얼굴이 되었던 이유를…. 그리고 그가 "보라, 하늘이 열리고 인자가 하나님 우편에 서신 것을 보노라" 하고 말할 때는 완전히 그가 미친 줄 알았지. 그런데…. 이래서 스데반이 그렇게 말할 수 있었고 그 얼굴이 그렇게 환했던 것이다!

사울은 이제야 스데반을 이해할 수 있었다. 며칠 사이에 여러 가지 놀랍고 무서운 일들을 체험하고 나니 모든 것이 이해되었다. 왜 예수를 따르는 사람들이 죽음을 무릅쓰면서까지 그 도를 포기하지 않는지…. 박해를 받고 재산을 뺏기며 생명의 위협을 받으면서까지 예수를 따르는 데는 모두 다 이유가 있었던 것이다. 그들은 이런 체험을 한 것이다. 의를 위해서 혹 사랑하는 사람을 위해서는 목숨을 바칠 수 있을지 모르나 거짓을 위해서 자기 목숨을 초개같이 버릴 사람은 세상에 하나도 없다. 그렇다! 예수는 하나님의 아들이다. 바로 그분이 우리가 그토록 기다리던 메시아다! 거역할 수 없는 확실한 체험이 그를 확실한 믿음으로 이끌어 갔다.

사울은 사흘 만에 식사를 하고 기운을 차렸다. 이런 과정을 지켜보고 있던 그 집 주인 유다도 예수를 주로 고백하고 아나니아에게 세례를 받았다. 사울이 예수를 믿고 세례를 받았다는 소문은 다메섹에 있던 제자들에게 금세 퍼졌다. 정말? 우리를 잡아 예루살렘의 감옥에 처넣으려던 그자가 세례를 받았다고? 사람들은 긴가민가했지만 모든 삶에 모범을 보이는 진실한 그들의 지도자 아나니아에게 세례를 받았다는 말에 그를 보기 위해 유다의 집으로 몰려왔다. 사울도 이제는 스스럼없이 제자들을 만났다. 그는 자신이 다메섹으로 오던 길에 체험했던 이야기를 해주었다. 갑자기 하늘로부터 비춘 빛, 눈을 멀게 된 것, 그리고 아나니아의 안수로 눈이 뜨이게 된 것, 엄위하면서도 자비로운 예수님의 음성, 지난 사흘 동안 자신 속에 뚜렷이 각인된 예수님의 존재.

"그분은 여러분이 믿는 것처럼 그리스도가 정말 맞습니다. 이제 나는 그분을 믿을 뿐 아니라 그분이 나를 부르신 소명을 위해 달려갈 것입니다. 그 소명이란 내가 다메섹 도상에서 예수님을 만난 것과 예수님이 하나님의 아들이라는 것을 사람들에게 전하는 것입니다."

그는 두 주먹을 불끈 쥐었다. 원래 한 번 옳다고 믿으면 앞뒤 가리지 않고 앞으로 돌진하는 그의 성품이 그를 몰아세웠다. 그러나 사울의 이런 굳은 결심은 단순히 그가 경험한 물리적인 외적 기적 때문만은 아니었다. 하늘에서 비춘 찬란한 빛과 예수님의 엄위하신 말씀, 맹인이 되었다가 다시 보게 된 기적, 세례를 받을 때 온몸을 관통했던 뜨거운 전류… 이런 놀라운 경험 못지않게 그의 마음을 설레게 하는 또 하나의 소망이 불쑥 생겨났기 때문이다.

사울은 율법을 소중히 여기고 충직하게 지키며 살아온 바리새인이었다. 그러나 다른 바리새인들에게는 차마 말하지 못했지만 그의 영혼 속에서는 언제부턴가 율법만으로는 하나님의 뜻을 온전히 이룰 수 없다는 괴로운 생각이 불쑥불쑥 고개를 내밀곤 했었다. 율법만으로는 뭔가 시원하지 않은 그 무엇, 평생 하나님을 믿으면서도 하나님을 생각하면 엄청난 벽과 마주하고 있는 것 같은 두려움 때문에 괴로웠다. 이런 내가 정말 하나님 나라에 들어갈 수 있을까? 하나님의 통치 안에 내가 살고 있는 것일까? 때로는 그의 양심이 예리한 칼날에 베이는 것 같은 아픔을 느꼈다.

율법은 선한 것이다. 그것이 있음으로 죄가 죄인 줄 알게 되기 때문이다. 또한 율법은 나를 살게 하려고 하나님께서 주신 귀중한 선물이다. 그러나 나를 살리려고 주신 그 율법으로 인해 내가 죽게 된다는 아이러니라니! 왜냐하면 죄의 속성을 가진 내가 어쩔 수 없이 죄를 범하게 될 때마다 율법이 일어나 나를 치기 때문이다. 차라리 율법을 모른다면 죄가 죄인 줄 모르기에 저 이방인들처럼 나도 아무 거칠 것없이 살아가겠지만, 나의 안에 죄가 있음을 알기에 내 영혼은 죽음 같은 괴로움에 시달려야 한다.

나는 분명 거룩하고 완벽한 율법대로 살기 원하지만, 육신에 속한 나는 내가 원하는 선을 행하지 못하고 도리어 원하지 않는 악을 행하고 있다. 내 속 가장 깊은 곳에 죄가 도사리고 있다. 이것을 어찌 부인할 것인가? 아아, 괴롭다. 이 두 갈래 마음의 싸움에서 누가 나를 건져내 줄 것인가? 이 처절한 갈등을 가슴에 품고는 결코 하나님 앞에 설 수 없을 것 같은 괴로움으로 번민했었다. 이런 복잡한 마음에 예상치도 않게 어쩌면 예수님이 답을 줄 수 있지 않을까 하는 뜻밖의 기대감이 솟아오른 것이다.

자신의 제자들을 죽이고 박해한 나 같은 원수를 책망하지 않고 오히려 긍휼이 가득 담긴 음성으로 말씀해 주신 예수님이 나의 이 고통에 답을 주실지 모른다. 그분은 내 마음의 괴로움을 알고 계신다.

아나니아와 함께 있던 제자들은 사울에게 예수님이 이 땅에 계실 때 행하신 일들과 그분의 죽으심과 부활에 관한 이야기를 들려주었다. 그들의 말은 한결같이 영혼을 울리는 간증들이었다. 그들은 모두 어린아이같이 순전해 보였다. 사울은 때로는 눈물을 흘리고, 때로는 웃으며 그들과 함께하였다.

그는 원기가 회복되자 안식일에 그들과 함께 회당으로 향했다. 당시 회당에서는 회당장이 그곳에 참석한 사람들 중에 성경이나 하나님에 대해 말하기 원하는 사람은 나와서 얘기를 하라고 자리를 내어주는 전례가 있었다. 그날도 회당장이 참석한 사람 중에 누군가 나와서 말할 사람이 있는지 장내를 둘러보았다. 사울이 손을 들자 말하라는 허락이 떨어졌다. 사울이 앞으로 나와 단상 앞에 섰다. 그리고 말을 시작했다.

"여러분, 저는 다소에서 태어나 가말리엘 문하에서 율법을 공부했던 바리새인으로, 대제사장의 허가를 받아 이단의 괴수라고 불리는 나사렛 예수를 좇는 사람들을 잡아서 예루살렘 감옥으로 끌고 가기 위해 이곳에 온 사울입니다.

그런데 이곳으로 오는 도중 저는 놀라운 경험을 했습니다. 저와 함께 오던 사람들이 이 모든 일의 증인입니다. 다메섹에 가까이 오던 중 갑자기 하늘로부터 햇빛보다 더 밝은 빛이 저를 향해 비추었습니다. 그 빛으로 인해 저는 말에서 떨어져 땅바닥에 뒹굴게 되었습니다.

그때 하늘에서 한 음성이 들려왔습니다. 그분은 저에게 히브리말로 '사울아, 사울아, 네가 어찌하여 나를 박해하느냐? 가시채로 뒷발질하기가 네게 고생이니라' 하고 말씀하셨습니다. 나는 '주여, 누구시니이까?' 하고 질문하였습니다. 그러자 그분은 '나는 네가 박해하는 예수다. 시내로 들어가라. 네가 행할 것을 네게 이를 자가 있느니라'라고 말씀하셨습니다. 저는 그분의 말씀대로 일어나려고 했으나 앞이 캄캄하며 아무것도 볼 수 없었습니다. 그래서 저는 함께 있던 사람들의 손에 이끌려 이곳 다메섹으로 왔습니다. 그리고 이곳에 와서 사흘 만에 예수님의 제자에게 안수를 받아 다시 눈이 뜨이게 되었습니다.

그동안 저는 예수가 이단의 괴수인 줄로만 알았기에 나사렛파들을 박해하는 데 앞장섰습니다. 예루살렘에서도 많은 제자를 옥에 가두고, 또 어떤 제자를 죽일 때는 찬성 투표까지 하였습니다. 그런 박해로도 모자라 다메섹에 있는 제자들까지 잡아 감옥으로 보내려고 이곳에 온 것입니다. 그러나 방금 말씀드린 대로 이러한 경험을 통해 이제는 예수가 정말로 하나님의 아들이며 그리스도이심을 알게 되었습니다."

사울은 잠시 말을 마치고 회중을 둘러보았다. 회중은 호기심 가득한 얼굴로 자기를 쳐다보고 있었다.

"그렇습니다. 예수는 이단의 괴수가 아니라 진정한 하나님의 아들이십니다. 그분은 십자가에서 죽으셨으나 다시 살아나셨고, 이 땅에서 40일 동안 제자들과 함께 계시다가 에녹과 엘리야처럼 하늘로 올라가셨습니다. 그렇게 승천하시는 모습을 500여 명의 제자들이 보았습니다. 여러분은 하나님께서 죽은 자를 다시 살리실 수 있으심을 믿으십니까? 아마 모두 믿으실 것입니다. 예수님은 하나님의 능력으로 사흘 만에 죽음에서 살아나셨습니다. 그분은 하나님의 아들이며 우리가 그토록 기다리던 메시아이십니다."

사람들이 웅성거리기 시작했다. "맞아, 저 사람은 예루살렘에서 예수를 따르는 사람들을 엄청나게 박해하던 자였지. 여기 온 것도 자기 말대로 그들을 결박하여 대제사장에게 끌고 가려는 목적으로 온 것 아닌가? 그런데 뭐라고? 이제 와서 예수가 하나님 아들이라고? 미친 것 아냐?"

그들은 사울과 회당장을 번갈아 바라보며 수군댔다. 그러나 사울은 사람들의 반응에 아랑곳하지 않고 더욱 힘 있게 예수는 자신들이 기다리던 그 메시아요, 그리스도라고 증언했다. 회당장도 당황해서 얼굴이 새빨개졌다. 자칫하다간 자신이 이단자를 회당에 끌어들였다는 비난을 면치 못할 것 같았다. 그는 놀란 얼굴로 사울에게 제발 이곳을 나가달라고 청했다. 사울은 뚜벅뚜벅 걸어서 회당을 빠져나갔다. 그러나 사울은 그날뿐 아니라 그 후에도 계속 다메섹 거리를 돌아다니며 유대인이든 이방인이든 가리지 않고 예수는 자신들이 기다리던 그리스도라고 증언했다. 하나님의 아들인 예수를 믿고 구원받으라고 소리쳤다.

여러 달이 지났다. 이제 사울은 다메섹에서 유명 인사가 되었다. 다메섹에 있는 유대인은 모두가 사울이 어떤 사람이었는지 너무도 잘 알고 있었다. 대제사장으로부터 인정받고 예루살렘의 종교 지도자들로부터 적극적인 후원을 받아 예수와 그 무리를 박해했던 사람이다. 그리고 이곳에 온 것도 예수의 이름을 부르는 자들을 결박하여 예루살렘으로 끌고 가려던 것이 아닌가.

그런데 그런 자가 어느 날 갑자기 변하여 예수가 그리스도라며 외치고 있다. 그 정도의 배경을 가진 사람이 그렇게 말한다면 어쩌면

아나니아

정말 예수가 메시아일지도 모른다. 그가 주장하듯 예수가 정말 사흘 만에 부활했다면 진짜 이것은 사건 중에서도 사건이 아닌가? 뭔가 심상치 않은 징조다. 하나님의 아들일 가능성도 있지 않을까? 어떤 자들은 여전히 수상쩍게 여김에도 대다수 유대인은 이처럼 마음이 흔들리고 있는 것이 사실이었다. 그러므로 회당장을 비롯한 종교 지도자들은 사울을 위험한 인물로 지목하기 시작했고 그를 없애야만 한다고 생각하기에 이르렀다.

어느 날 회당에서 회의가 열렸다. 저 배신자 사울을 어떻게 해야 하는가에 대한 토론회였다. 이 사람 저 사람이 각각의 의견을 내놓았다. 그러던 중 누군가 기가 센 사람이 외쳤다.

"그놈을 없애 버립시다. 그런 놈을 살려 두었다간 우리 유대인들이 다 저 이단의 무리가 될지도 모르오. 저들은 무리로 모이기 때문에 자칫 로마군들에게 폭도로 오해받을 수도 있단 말이오. 잘못하다간 우리 유대인 모두도 저들과 동일시되어 폭동을 일으킨다 하여 몰살당할지도 모르오."

너무나도 이치에 맞는 말이었다. 지금 상황이 어떤가. 그러지 않아도 늘 로마군의 눈치를 보며 살고 있는 그들은 몸서리를 쳤다. 그 사울이란 놈을 죽여야 해. 그 길만이 우리가 살길이야. 그들은 이제 어떻게 사울을 죽일지에 대해 격렬하게 토론했다. 누군가가 말했다.

"아, 우리가 굳이 죽일 필요 없이 아레다 왕의 고관에게 사울을 죽여 달라고 말합시다. 그는 다메섹의 치안을 위해 우리 말을 들어줄 것이오."

모두가 참 지혜로운 대책이라고 머리를 주억거렸다. 그리하여 그들은 아레다 왕의 고관을 만날 사람을 정하고, 자기들은 사울이 도망가지 못하게 조를 짜서 밤낮 성문을 지키기로 했다. 그런데 이처럼 뒤숭숭한 유대인 사회에 겉으로 드러나지는 않았으나 남몰래 예수의 도를 좇는 제이슨이란 사람이 있었다. 그도 이 토론회에 참석하였으나 그 자리에서는 아무 내색도 하지 않고 있다가 조용히 그 자리를 벗어나 아나니아에게로 급히 달려갔다. 제이슨은 아나니아에게 회당에 모인 유대인들의 회의에서 사울을 죽이기로 결의한 사실을 알려주었다. 아나니아는 즉시 제이슨과 함께 사울이 머물고 있는 유다의 집으로 달려갔다. 다메섹의 제자들은 사울이 그토록 열심히 전도하는 것에 적지 않게 자극을 받고 있었기에 자주 유다의 집에 모이곤 했다.

유다의 집에 당도한 아나니아와 제이슨은 지금 회당에서 진행되고 있는 일들에 대하여 조심스럽게 설명했다. 제자들은 모두 놀라며 한숨을 쉬었다. 그리고 앞으로 어떻게 해야 할지에 대하여 의논하기 시작했다.

아나니아가 말했다. "형제들이여, 사태가 매우 심각합니다. 우리 사울 형제가 계속 이곳에 있다가는 저들의 손에 죽든지 유대인들의 돌에 맞아 죽게 될지도 모릅니다. 더욱이 저들은 아레다 왕의 고관들에게까지 사울 형제를 고소하려고 합니다. 그러니 앞으로 우리가 해야 할 일에 대하여 함께 의논해 주시기를 부탁합니다."

제자들은 여러 의견을 내놓았다. 그러다 누군가가 "사울 형제를 몰래 여기서 내보냅시다!" 하고 말했다. "아, 그게 좋겠습니다." 모두가 이 계획에 찬성했다. 그 길만이 사울과 자기들이 살길이었다. 사울도 그들의 말에 동조했다. 제자들이 서두르듯 말했다. "그렇다면 당장 이행합시다. 빠르면 빠를수록 좋아요. 오늘 밤입니다. 성문에는 문지기들과 유대인들이 지키고 있으니 문이 아니라 담을 타고 이곳을 빠져나가야 합니다."

그날 밤, 제자 몇 명이 사울을 성에서 내보내기 위해 밤 자정에 북쪽 들창이 있는 성벽으로 모여들었다. 그들의 손엔 커다란 바구니와 튼튼한 밧줄이 들려 있었다. 사울을 태워 내려보낼 바구니였다. 담벼락에 딱 붙어서 조금씩 움직이며 적당한 장소까지 왔을 때 그들은 모두 사울을 끌어안고 기도하기 시작했다.

"오, 주님! 사랑하는 사울 형제를 주님의 손에 맡깁니다. 주님께서 함께하셔서 가는 모든 길이 안전하고 평탄하게 하시고 주님의 도를 전하는 데 걸림이 없게 하옵소서."

숨죽이며 기도하는 그들의 기도는 참으로 절실했다. 사울 역시 눈물을 흘리며 그들을 축복했다.

"나를 택하여 복음을 전하게 하신 주 예수여, 사랑하는 이 형제들을 축복하여 주시고 죽음과 박해의 협박에서 구원하여 주시옵소서."

사울이 바구니에 올라탔고 바구니 양 끝에 매달린 밧줄이 성벽의 들창을 넘어 서서히 성 밖의 땅으로 내려갔다. 그들은 바구니가 안전하게 저쪽 땅에 기착한 것을 확인하고 사울을 향해 손을 한 번 흔들고는 빠르고도 조용히 자신들의 숙소로 돌아갔다.

아라비아

　사울은 고린도후서에서 "주 예수의 아버지 영원히 찬송할 하나님이 내가 거짓말 아니하는 것을 아시느니라 다메섹에서 아레다 왕의 고관이 나를 잡으려고 다메섹 성을 지켰으나 나는 광주리를 타고 들창문으로 성벽을 내려가 그 손에서 벗어났노라"(고후 11:31-33)라고 자신이 다메섹에서 왜 떠나게 되었는지를 설명하고 있다.

　사울은 다메섹에서 세례를 받은 즉시 "예수님은 우리가 기다리던 그리스도시다" 하며 복음을 전했다. 그는 다소 급한 성격이어서 속히 전도의 열매를 얻고 싶었다. 그래서 자신이 체험한 예수님을 열심히 전하면 곧 좋은 반응이 있을 것이라고 기대했다. 그러나 예수님을 만난 것이 자신에게는 엄청난 경험이었지만, 유대인들에게는 그런 경험을 한 사울이 오히려 배신자요 위협적인 존재로 인식되었을 뿐이었다. 결국 사울의 간절한 마음과는 달리 전도의 열매를 얻는 대신 그곳에서 쫓겨나게 되었다.

　사울은 이 경험으로 삶의 목표를 조금 늦추더라도 깊은 기도와 성경 묵상을 통해 예수님을 더 깊이 만날 필요가 있음을 절감했다. 예수님께 받은 전도의 사명을 향해 달려가기 전에 더 깊이 자신을 돌아보고 주님을 더 알아가는 시간이 필요했던 것이다.

사울은 다메섹 도상에서 난생처음 놀라운 체험을 하며 예수님의 음성을 듣고 180도 선회하여 예수님의 제자가 되었다. 그리고 아나니아와 예수님의 제자들에게 예수님의 행적과 십자가, 부활, 승천까지 모두 들었다. 그럼에도 자신의 개인적인 체험으로 예수님을 더 알고 싶었다. 다메섹에서 "예수가 그리스도다"라고 전하면서 많은 박해를 받았다. 하지만 그렇게 열심히 전도하는 가운데도 늘 가슴에 응어리진 문제가 있었다. 예수님이 율법을 온전히 지킬 수 없는 자신의 괴로움을 어떻게 해결해 주실지에 대한 기대도 있었다. 그러나 율법과 예수님의 관계에 대하여 그의 성격에 꼭 맞는 명확한 답을 찾고 싶었다. 그는 예수님으로 인한 박해나 심지어 죽음의 위협까지도 받을 각오가 되어 있었다. 하지만 바리새인 중의 바리새인이었던 사울은 예수님을 믿는 것과 율법을 행하는 것의 관계에 대해 더 확실한 대답이 필요했다. 이를 위해 예수님을 더 깊이 알아야 했다.

한밤에 성벽의 들창문을 통해 다메섹을 떠나온 사울은 캄캄한 밤길을 정신없이 걷다가 어느 집 담 밑에서 밤을 지새우며 아침을 맞았다. 마을의 사람들이 수런거리며 일어날 때 그도 일어났다. 그리고 잠시 어디로 갈지 망설였다. 다메섹에서 전도하는 동안에는 이처럼 갑자기 그곳을 떠나게 되리라고는 생각지도 못했기에 아무 계획 없이 떠나온 길이다. 그의 손에는 어디를 가든 늘 가지고 다닐 수 있는 얇은 양피지에 필사된 두루마리 성경과 제자들이 걸어준 약간의 여비가 있었다. 처음에는 고향인 다소로 갈까 생각했다. 그러나 곧 다시 마음을 바꾸었다. 그곳에 간다 해도 자신은 분명히 또 예수를 전할 것이었다. 고향의 가족들에게 어서 이 복음을 전하고픈 마음은 굴뚝같았다. 그곳에서 전도하는 중 받게 될 조롱과 오해에 대해선 두려움이 없었다. 그러나 그곳에서 전도한다 해도 다메섹에서 계속 느꼈던, 뭔가 부족한 듯한 영적인 갈급함이 가슴에서 계속 출렁거릴 것 같았다.

그는 길을 가다가 어느 키 큰 종려나무 밑에 서서 이 문제를 놓고 간절히 기도했다. '주여, 저의 갈 길을 인도해 주소서.' 그러자 예수님이 사역하시기 전, 광야로 가서 40일간 금식하며 마귀를 이기고 돌아오셨다는 이야기가 생각났다. 예수님도 그런 비밀의 시간, 하나님과만 대면하며 온전히 자신을 그분께 드리는 시간을 가진 후에야 나사렛 회당에서 이사야 61장의 말씀을 가지고 사역의 시작을 알리셨다.

"주의 성령이 내게 임하셨으니 이는 가난한 자에게 복음을 전하게 하시려고 내게 기름을 부으시고 나를 보내사 포로 된 자에게 자유를, 눈먼 자에게 다시 보게 함을 전파하며 눌린 자를 자유롭게 하고 주의 은혜의 해를 전파하게 하려 하심이라"(눅 4:18-19).

이사야 61장의 낭독은 예수님의 취임 연설이었다. 앞으로 예수님이 무엇을 하시려는지를 요약한 말씀이었다.

'하나님의 아들이 그런 시간을 가지셨을진대 하물며 나는 더 말할 필요가 있겠는가? 우리를 애굽의 노예 생활에서 해방시키고 율법을 주셨던 모세도 시내산에서 40일 동안 금식하지 않았던가. 그렇다면 예수님이나 모세와는 감히 비견할 수도 없는 누추한 내가 어찌 그처럼 하나님과의 깊은 대면의 시간을 가지지 않은 채 복음을 전할 수 있단 말인가? 나야말로 그런 금식과 침묵의 시간이 필요하다.'

사실이 그랬다. 바울에게는 광야의 경험이 필요했다. 그는 확실히 깨닫지는 못했지만 그의 영혼 깊은 곳에서 그를 내모는 무엇인가가 있었다. 아무도 의지할 수 없고 도와줄 수 없는 곳 광야, 그곳의 삭막함, 그곳의 허허로움, 오로지 하늘만 바라볼 수밖에 없는 그곳에서 주님의 음성을 듣고 싶었다. 오직 주 예수님만 만날 수 있는 그곳으로 가고 싶었다. 그는 천천히 발길을 돌려 아라비아 광야를 향해 걸었다. 생애를 건 긴 여정을 위해 먼저 하나님 앞에 무릎을 꿇기 위해서였다.

그는 아라비아 광야 더 깊은 곳으로 나아갔다. 형제들이 건네준 돈으로 아라비아 인근 마을에서 물과 약간의 음식을 구할 수 있었다.

하루가 지났다. 그는 거친 돌덩이들과 여기저기 마른 풀들이 산재해 있는 광야를 걸었다. 광야에는 로뎀나무도 드문드문 있었고 떨기나무도 있었다. 그곳이 모세가 양을 치던 호렙산의 광야는 아니지만 마른 풀들을 보니 모세가 보았던, 불이 붙었으나 타지 않았던 떨기나무가 생각났다. 사울은 철저한 모세 율법 신봉자였다.

거의 온종일 뜨거운 햇빛 아래에서 걸은 후 그는 다른 로뎀나무들보다 키가 큰 로뎀나무 아래에 섰다. 원래 로뎀나무는 가지가 풍성하나 가시가 있고 키가 작아 사람이 쉴 수 있을 만큼의 그늘을 만들어 주지 못한다. 그런데 이 나무는 다른 로뎀나무들처럼 가지도 풍성할 뿐 아니라 키도 꽤 커서 한 사람 정도는 충분히 쉴 수 있는 그늘을 만들어 주었다. 그는 그 나무 아래에서 머리에 둘렀던 수건을 벗어 땀을 닦았다.

아, 하나님이 나를 위해 예비해 놓으신 곳이구나! "여호와는 나의 목자시니 내게 부족함이 없으리로다…." 시편을 모두 외우고 있지만 특히 그는 다윗이 사울에게 쫓기며 읊었다던 이 23편을 가장 좋아했다. 시편을 외우자 마음이 차분히 가라앉는 것이 느껴졌다. 그는 나무 아래에 꿇어앉아 하나님을 향해 감사기도를 올렸다. 마음 깊은 곳에서부터 시작된 갈망을 따라 무작정 걸어왔는데 이처럼 기도할 수 있는 장소로 인도해 주신 하나님께 감사했다.

다시금 자신이 그리스도인들을 박해하던 장면이 주마등처럼 눈앞을 지나갔다. 그리고 다메섹 도상에서의 강렬한 빛과 예수님의 엄위하면서도 긍휼이 가득했던 음성, 아나니아의 다정한 목소리, 기쁨이 가득했던 예수님의 제자들, 그들로부터 들었던 예수님의 사역들과 십자가, 부활, 승천…. 제자들의 표정과 음성은 너무나도 진지했다. 그들의 진정성 있는 말과 자신의 체험을 담아 예수님의 도를 전했던 시간들…. 그 모든 시간이 꿈같이 빠르게 지나갔다. 그리고 여기까지 오게 되었다.

그는 다시 한번 주위를 둘러보았다. 그리고 자기에게 그늘을 만들어 주고 있는 로뎀나무를 쳐다보았다. "오, 주님, 감사합니다." 이제부터 나는 오직 하나님과 독대하여 내 속에 있는 모든 것을 아뢰리라. 그는 다시 기도로 들어갔다. 어서 속히 마음속에 안개처럼 드리워져 있는 율법에 대한 의구심을 걷어내고 싶었다.

율법과 은혜

"오, 다메섹 도상에서 나를 만나주신 주님, 그때 주님은 분명히 나에게 '이제부터 네가 할 일이 있다'고 말씀하셨습니다. 그것이 무엇입니까? 예수님이 그리스도시라는 이 놀라운 사실을 사람들에게 전해야 한다는 것은 알고 있습니다. 그래서 다메섹에서 그렇게 사람들에게 전했습니다. 하지만 주님께서 왜 십자가에 죽으셔야 했는지, 그리고 부활에는 어떤 깊은 뜻이 있는지를 알기 원합니다. 주님의 십자가는 율법과 어떤 관계가 있는 것입니까? 주님이여, 주님의 음성을 다시 들려주시고, 주님의 계시를 다시 보여주옵소서."

그는 밤낮없이 이 문제를 놓고 기도했다. 누구보다 학문을 사랑하고 율법에 박식했던 그에게는 어떻게 성경(구약)에 계시된 율법과 예수의 복음의 고리를 찾아낼지에 대한 치열한 고민이 담긴 기도였다. 일단 기도에 전념하자 모든 것을 잊고 오직 하나님만 바라볼 수 있게 되었다. 하나님은 그에게 점점 더 깊이 개입하셨다. 그러나 열흘이 지나도록 그 자신은 아무것도 느낄 수가 없었다. 그는 땀을 흘리고 몸부림치며 하나님을 불렀다. 다시금 예수님이 나타나 주시기를 간절히 부르짖었다. 날이 가고 밤이 지나갔다. 예수님의 그 다정한 음성을 다시 듣지 않고는 죽을 것만 같았다. 앞으로 자기 삶이 어떻게 될지, 또 어디를 향해 가야 하는지, 자신에게 말씀하셨던 그분이 정말 자기가 생명을 쏟아 섬겨야 할 하나님의 아들이 맞는지…. 그는 다메섹 도상에서 예수님의 음성을 들었다. 맹인이 되었다가 눈을 뜨게 되는 기적도 체험했다. 그래서 예수는 그리스도라고 외쳤다. 그러면 율법은 어떻게 되는 것인가? 그동안 그가 세상 그 어떤 금보다, 보화보다 소중하다고 생각하며 생명 걸고 닦고 훈련했던 성경 말씀은 어떻게 되는 것인가?

"내가 전심으로 주를 찾았사오니 주의 계명에서 떠나지 말게 하소서"(시 119:10).

"내가 나의 행위를 아뢰매 주께서 내게 응답하셨사오니 주의 율례들을 내게 가르치소서"(시 119:26).

그는 그동안 배우고 익혔던 율법 613개를 외우고 또 외웠다. 그 율법이 얼마나 소중한 하나님의 계시인가를 뼛속 깊이 느끼고 있었기에 차마 그 율법을 던져 버릴 수는 없었다. 그러나 그는 그 율법을 온전히 지킬 수 없음으로 인해 수없이 많은 나날을 좌절했고 그만큼 괴로워했다. 그리고 아나니아에게 세례를 받은 후로 그동안 율법의 무게에 짓눌렸던 영혼이 살아나는 경험도 했다. 그러나 어린 시절부터 철저히 몸에 밴 바리새인으로서의 삶이 그를 여전히 붙잡고 놓지 않고 있었다. 비록 온전히 율법을 지킬 수 없는 괴로움이 있었지만 다른 한편으로는 그 율법을 외우고 지키는 것에 무한한 기쁨과 자긍심을 느끼고 있었다. 하나님의 계명을 사랑하며 지켰던 시편 기자들의 마음을 너무도 생생히 느낄 수 있었다. 자신도 그러했으니까. 그리고 하나님도 이처럼 율법을 사랑하는 자기를 얼마나 기쁘게 여기실까 생각했다. 예수를 따르는 사람들을 미워한 것도, 그들을 잡아 가둔 것도, 그들을 채찍질한 것도 마음 다해 율법과 계명을 사랑하기 때문이 아니었던가.

"복 있는 사람은 악인들의 꾀를 따르지 아니하며 죄인들의 길에 서지 아니하며 오만한 자들의 자리에 앉지 아니하고 오직 여호와의 율법을 즐거워하여 그의 율법을 주야로 묵상하는도다"(시 1:1-2).

바리새인으로서 늘 명심하고 지켜야 할 말씀이었다. 그는 이 말씀대로 악인, 죄인, 율법을 모르는 사람을 미워했고 그들과는 상종도 하고 싶지 않았다. 그는 바리새인들과 서기관들에게 들었던 예수님의 행적을 생각했다. 거룩한 하나님을 자기 아버지라 부르면서 안식일을 범하고, 식사하기 전에 손 씻는 것도 마다할 뿐 아니라 율법에서 금한 나환자나 맹인의 몸에 손을 대지 않나, 심지어 창녀나 세리 같은 죄인을 자기 친구라 하고….

이러한 예수의 행적은 내가 그토록 사랑했던 율법을 모독하고 업신여기는 태도가 아니었나? 그래서 나 또한 예수를 좇는 무리를 미워했던 것이 아니었던가? 비록 예수는 그리스도라고 사람들에게 전했지만, 마음 한 귀퉁이에는 하나님의 아들이라면 하나님의 말씀을 더 철저히 지켰어야 하지 않나 하는 의문이 있었다. 하지만 그분이 하나님의 아들인 것은 틀림없다. 그렇다면 하나님의 아들인 그분이 이 문제에 대한 답을 주실 것이다. 어떻게, 어떤 방법으로 주실지는 알지 못한다. 하지만 율법 외의 다른 길이 반드시 있을 것이다. 바로 이것, 내가 깨닫지 못하는 부분들에 대해 주님과 독대해서라도 알아야겠다.

그는 점점 말라갔고 먹지 못하고 잠도 제대로 자지 못해 미치광이처럼 보였다. 눈도 쑥 들어갔다. 그러나 눈빛만은 시간이 갈수록 더욱 형형해졌다. 그 자신도 놀랄 정도로 저 멀리 광야 끝에 있는 작고 뾰족한 선인장까지 보였다.

그렇게 지나던 어느 하루, 그날도 온종일 허기진 배를 움켜쥐고 얍복 강가의 야곱처럼 기도로 하나님과 씨름하다가 어둠이 내리기 시작할 때쯤 마른 풀 위에 누웠을 때였다. 갑자기 이유도 없이 가슴이 마구 뛰더니 온몸이 뜨거워졌다. 그 뜨거움이 온몸으로 퍼졌다. 이마에서부터 삐질삐질 땀이 나는 것이 느껴졌다. 그리고 눈물이 쏟아졌다. 점점 더 온몸이 뜨거워지더니 심장까지 활활 타는 것 같았다. 그는 일어서려다 그만 땅바닥에 뒹굴어 버렸다. 이대로 죽는 것일까? 다시 일어나려고 애쓰다 그는 다시 풀썩 주저앉고 말았다.

그 순간 갑자기 눈앞이 환해지며 여러 그림이 자기 앞을 지나갔기 때문이었다. 이게 뭐지? 그는 눈을 똑바로 뜨고 그 그림들을 자세히 보려고 애썼다. 그런데 놀랍게도 그 그림의 주체는 바로 자기 자신이었다. 아니, 왜 내가 저기 있지? 그러자 그 그림의 주체가, 아니 사울 자신이 휙 돌아서며 자기를 노려보았다. 그 눈이 어찌나 날카롭고 찌르듯이 자신을 노려보는지 온몸이 싸늘해지는 것을 느꼈다.

그동안 계속 뜨겁게 달아오르던 몸도 순식간에 싸늘하게 식어 버렸다. 아아…아니야. 저 모습, 저 사람은 내가 아니야. 그러나 이마에 넓은 성구함을 질끈 동여매고 옷자락 네 귀퉁이에 청색 술이 달린 바리새인 옷을 입은 그 남자는 분명 사울 자신이었다. 그 남자, 아니 사울이 거만한 모습으로 긴 옷자락을 휙휙 날리며 어디론가 달려가더니 어떤 집 안으로 들어갔다. 그곳엔 여러 명의 남자와 여자들이 두 손을 모으고 조용히 무언가를 읊조리고 있었다. 그런데 그 순간 갑자기 사울이 그들을 향해 무지막지하게 채찍을 휙 갈기는 것이었다. 그들은 작은 비명을 지르며 이리 쏠리고 저리 쏠리며 그 채찍을 피하려 애쓰고 있었다.

그림 속의 사울이 소리 질렀다. "이 미친 자들아, 뭐? 예수가 하나님의 아들이라고? 하나님과 모세의 율법을 능멸하며 이단 사설을 좇는 너희는 모두 하나님을 훼방하는 하나님의 대적들이야, 그러니 감옥으로 갈 수밖에 없어!" 그리고 다시 한번 채찍으로 무리를 향해 내리쳤다. 채찍에 맞은 사람들이 비명을 지르며 "주여!" 하고 외쳤다. 사울은 자기와 함께 온 젊은 청년들과 함께 그들을 밧줄로 묶기 시작했다. 그런데 그 무리는 조용히 밧줄에 묶이며 속으로 무언가를 중얼거리기만 하는 것이었다. 그것이 하나님께 드리는 기도라는 것을 알게 된 것은 한참 시간이 지난 후였다.

장면이 바뀌며 이번에는 자기가 감옥에 처넣은 사람들이 감옥에서 조용히 기도하는 모습이 보였다. 그는 그들을 향해 소리 지르려다가 그저 사나운 눈길로 노려보았다. 그 눈길엔 자비라곤 손톱만큼도 없었다. 오직 살기만 가득한 눈이 쏘아 보자 무리는 그의 눈을 피해 고개를 숙이며 땅으로 꺼질 듯한 몸짓을 했다. 그런 그들에게 사울은 싸늘한 비웃음을 날리며 감옥을 나왔다. 그 후에도 사울은 계속 살기등등해서 거리만이 아니라 집집을 다니며 조사를 하고 있었다.

평소 그의 모습은 또 어떤가? 바리새인들 가운데서도 촉망받는 율법학자라는 긍지로 머리를 꼿꼿이 세우고 거들먹거리며 자기보다 조금이라도 부족한 듯한 사람들을 보면 한없는 경멸의 눈빛으로 바라보는 그 모습은 정말 바라보기조차 민망했다.

그런데 그 순간 자신의 그러한 모습을 누군가가 조용히 지켜보고 있는 것을 느꼈다. 누굴까? 그 사람은 그렇게 자기를 지켜보다가 천천히 몸을 돌려 두 팔로 박해받고 있는 사람들을 끌어안았다. 잠시 전까지만 해도 두려워하던 사람들이 그의 포옹으로 차츰 얼굴이 밝아지고 기뻐하며 서로 소곤소곤 얘기를 나누었다. "당신도 느꼈지?" "그래요. 맞아요. 주님이에요." 그들은 미소까지 띤 채 환한 얼굴이 되었다.

그는 고개를 돌려 그 모습을 보지 않으려 했다. 더는 볼 수가 없었다. 그러나 고개를 돌리려는 그 순간 너무나 놀라 온몸이 굳는 것 같았다. 바로 자기 앞에서 십자가에 못 박힌 한 남자가 자기를 바라보고 있었기 때문이다. 순간적으로 그는 그분이 예수님이라는 것을 알았다. 그 모습은 바로 전에 보았던 인자한 모습이 아니었다. 대못이 박힌 예수님의 양손과 양발에서는 끊임없이 피가 흘렀고, 가시관을 쓴 머리와 옆구리에도 피가 낭자했다. 그분은 괴로운 얼굴로 하늘을 우러러 외치고 있었다.

"엘리 엘리 라마 사박다니!(나의 하나님 나의 하나님 어찌하여 나를 버리셨나이까)"

온 인류의 죄를 짊어지신 예수님의 모습은 말로 형용할 수 없을 만큼 처참하였고, 그 고통스러운 외침은 온 우주에 넘칠 것처럼 처절했다.

"아아~ 주여!"

그 모습을 바라보는 사울의 가슴에서 무언가가 치밀어 오르며 심장을 옥죄었다. 그는 그것을 누르려고 한참 애를 썼다. 그러나 참을 수가 없었다. 그것은 점점 더 빨리 자신의 심장을 물어뜯을 듯 죄어왔다. 그리고 갑자기 눈물이, 가슴 속 깊은 곳에서부터 올라오는 통증이 눈물로 터져 나오기 시작했다. 눈물은 비처럼 그의 볼을 타고 끊임없이 흘러내렸다.

"오, 주님! 제가 죄인입니다!"

비로소 그는 자신이 진정한 죄인임을, 죄인의 모습이 어떤 모습인지를 확실히 깨달았다. 가슴이 고통으로 활활 타오르는 것 같았다. 아아! 그의 입에서 토하듯이 비명이 흘러나왔다. 견딜 수 없는 수치와 아픔이 뒤범벅되어 가슴을 물어뜯자 그는 그만 앞으로 푹 고꾸라지고 말았다. 그는 자신의 아픈 가슴을 두 주먹으로 마구 때리기 시작했다. 그러면서 흙바닥을 데굴데굴 굴렀다. 그의 비명이, 통곡이, 아픔의 외침이 그 광야, 수천 년 동안 하늘의 해와 달과 별들 아래 망망하게 펼쳐져 있던 그 황무지에 길고 길게 퍼져 나갔다. 인간의 숨결이 전혀 없는 그 척박한 땅에 사울의 울음소리, 퍽퍽 하며 가슴 때리는 소리, 비명만 울려 퍼지고 있었다.

그러나 그곳에는 정말 아무도 없는 것이 아니었다. 한 분이 계셨다. 오직 한 분 예수님이 그의 그런 모습을 한없이 다정하고 자비로운 눈으로 조용히 바라보고 계셨다. 예수님의 눈에서도 한없는 연민의 눈물이 흐르고 있었다.

사울의 통곡은 오랫동안 이어졌다. 그러자 시간이 갈수록 자신의 죄에 대한 슬픔만이 아니라 자신의 죄를 슬퍼하시는 주님의 마음이 깊이 느껴져 또 다른 아픔이 가슴을 옥죄어 왔다. 이 아픔은 자신의 죄에 대한 아픔보다 더 큰 것이었다. 그 아픔이 너무도 커서 뒤통수가 뻣뻣해지고 심장이 막힐 듯 쪼그라드는 것 같아 숨을 쉴 수가 없었다. 꿈인지 생시인지 알 수 없었던 그 시간, 자신의 몸 어디에 그토록 많은 눈물이 있었는지 소나기 같은 눈물을 쏟으며 흙바닥을 뒹굴고 있던 바로 그때, 그는 예수님의 상처 난 심장에서 흐르는 피가 자신의 심장 위로 떨어지는 것을 느꼈다.

아악! 그는 소리치며 흙바닥을 기어다니기 시작했다. 자신이 무엇을 하는지도 알지 못한 채 열 손가락으로 흙을 긁어댔다. 예수님의 심장이 활활 불타고 있었다. 자신의 심장도 활활 불타는 것 같았다. 아프고 뜨거웠다. 그 순간 광야도 숨을 멎었다. 그는 광야에서 소리쳤다. 땅을 기었다. 무릎을 꿇고 울부짖었다. 광야는 그런 사울을 그저 푸근히 받아주고 있었다. 하늘과 땅 사이에 오직 그와 예수님만 존재하고 있었다. 그가 예수님 안에, 예수님이 그의 안에 계셨다. 그의 아픔이 예수님의 아픔이고, 예수님의 아픔이 그의 아픔이었다.

아! 그렇구나! 그 순간 사울은 홀연히 깨달았다. 예수님이 꼭 계셔야 한다는 것을…. 그분 없이는 결코 자신이 하나님 앞에 설 수 없다는 것을…. 깊고 깊으며 캄캄하고 어두운 자신 속 죄악의 더러운 시궁창은 결코 율법으로 깨끗해질 수 없고, 그 죄를 그대로 가지고는 결코 거룩한 하나님의 얼굴을 뵙지 못한다는 것을…. 이사야 선지자가 "화로다, 나여 망하게 되었도다!" 하며 울부짖었던 그때의 심정이 어떤 것인지 확실히 알 것 같았다.

지금까지 사울은 오로지 율법을 주신 하나님과 율법을 받은 모세만 연구하고 추구해 왔다. 그러나 벌거벗겨진 이 대지 위에서 이사야서의 말씀이 명확하게 다가오고 있었다. 그 말씀은 아무것도 없는 이 땅, 사울 홀로 서 있는 이 황무지처럼 아무런 수사(修辭) 없이 화살처럼 그에게 날아와 꽂히고 있었다.

"그는 실로 우리의 질고를 지고 우리의 슬픔을 당하였거늘 우리는 생각하기를 그는 징벌을 받아 하나님께 맞으며 고난을 당한다 하였노라 그가 찔림은 우리의 허물 때문이요 그가 상함은 우리의 죄악 때문이라 그가 징계를 받으므로 우리는 평화를 누리고 그가 채찍에 맞으므로 우리는 나음을 받았도다"(사 53:4-5).

바로 저 참혹한 십자가를 지신 예수님의 이야기가 아닌가? 그는 한 단어 한 단어가 떠오를 때마다 심장이 무엇에 찔리듯 움찔움찔 놀랐다. 그분이 찔렸다는 말씀이 자신을 찔렀다. 그분이 받은 채찍이 자신의 영혼을 후려치는 것 같았다. 그분이 받은 징계가 자기 머리 위로 떨어지는 것 같았다. 자신의 허물, 자신의 죄악, 자신 때문에 예수님이 찔리시고, 징벌을 받으시고, 채찍에 맞으시고, 멸시와 조롱을 받으시며 십자가에서 죽으신 것이었다!

이 사실을 깨닫자 그는 견딜 수가 없었다. 그분을 찌른 자가 바로 자신이었다. 채찍으로 내리치고 십자가에 못 박은 자가 바로 자신이었다! 그는 다시 땅에 엎드렸다. 오, 주여! 세례 요한이 "보라, 세상 죄를 지고 가는 어린 양이로다!" 하고 외쳤다던 그 말의 의미를 이제야 알 듯했다.

예수님은 나를 위한 희생제물이셨다! 그분은 가죽을 벗기고 내장을 다 꺼내고 살은 예리한 칼로 각을 떠 저 번제단, 불이 활활 타는 번제단에 바쳐졌던 어린 양처럼 희생제물이 되어 십자가를 지셨다. 그분은 그렇게 죽기 위해 이 세상에 오신 하나님이셨다. 끊임없이 죄를 짓는 나는 결코 스스로 자신의 죄를 사할 수 없기에 죄와 아무 상관 없고 흠이 없으신 하나님 자신이 제물이 될 수밖에 없으셨다. 이제 소와 양의 피가 아니라 희생제물이 되신 예수님의 피로 나의 죄가 용서받을 수 있게 되었다. 결코 율법을 온전히 행할 수 없었던 내가 예수의 십자가로 하나님께 나아갈 수 있게 된 것이다!

오, 주여! 예수 그리스도여! 죄로 죽었던 나를 위해 희생의 십자가를 지신 예수여! 십자가, 십자가야말로 무한한 하나님의 사랑과 공의가 이 땅에서 현현된 사건이다.

> "그러므로 이제 그리스도 예수 안에 있는 자에게는 결코 정죄함이 없나니 이는 그리스도 예수 안에 있는 생명의 성령의 법이 죄와 사망의 법에서 너를 해방하였음이라"(롬 8:1-2).

"나는 십자가 외에는 자랑할 것이 없노라!" 사울의 유일한 자랑이 이때 잉태되었다. 사울, 아니 바울이 그처럼 많은 고난을 당하면서도 굴하지 않고 복음을 전할 수 있었던 것은 이때 체험했던 예수님의 십자가 사랑과 놀라운 진리가 그의 가슴 속에서 샘물처럼 늘 새롭게 흘러나왔기 때문이다.

그의 눈에서 다시금 눈물이 흘러내렸다. 아까와는 다른 눈물이었다. 그는 성경을 잘 알고 해석할 줄 아는 바리새인이라고 자부했던 자신의 지식이 얼마나 초라한 것이었는지 새삼 깨닫게 되었다. '그래, 나는 모든 사람보다 열등한 사람이었어….' 그분을 몰라봤다는 죄송함과 한없는 감사가 꾸역꾸역 밀려왔다. 그는 예수님 앞에 무릎을 꿇고 머리를 두 무릎 사이에 묻은 채 오래도록 목 놓아 울었다.

얼마나 지났을까. 온몸은 그동안의 굶주림과 아픔과 울부짖음으로 지칠 대로 지쳤다. 그러나 언제부터인가 영혼 깊숙한 곳에서부터 시원한 바람이 불어오며 무언가 꽉 막혔던 담이 와르르 소리를 내며 무너졌다. 그와 동시에 쏴아~ 하고 영혼이 뻥 뚫리는 느낌이 밀려왔다. 그 순간 형용할 수 없는 기쁨이 영혼 전체를 흔들며 출렁였다. 숨이 가빴다. 마치 커다란 파도가 막무가내로 밀려 와 숨을 턱 막히게 하는 것 같았다.

그런데 이건 그냥 괴롭게 숨을 조여오기만 하는 그런 느낌이 아니다. 사랑! 그렇다. 하나님이 부어주시는 사랑의 파도였다. 그 파도가 계속 사울의 영혼의 바다에서 출렁거렸다. 쏴아~~!

이 출렁이는 기쁨, 이 넘치는 사랑! 그는 두 손을 번쩍 들고 눈물을 흘리며 하나님을 향해 길게 외쳤다. '감-사-합-니-다. 감-사-합-니-다. 사랑-합-니-다. 사-랑-합-니-다.' 그렇게 외치고 있는데 누군가 자기를 바라보고 있는 느낌이 들었다. 눈을 들어 보니 예수님이 조용히 미소를 지으며 자기를 바라보고 계신 것이 아닌가?

그분은 그저 조용히 사울을 향해 미소를 짓고 계셨다. 그리고 앞으로 사울이 예수님을 위해 어떤 고난을 받게 될 것인지를 훤히 알고 계시는 듯 사랑의 파도에 휩싸여 숨을 헐떡거리고 있는 그를 긍휼과 사랑이 가득한 눈으로 바라보고 계셨다. 다메섹 도상에서 들었던 그분의 음성엔 자비로우면서도 어딘가 엄위한 느낌이 있었다.

그러나 지금은 그 어떤 두려움도, 거리감도 느낄 수 없는 오직 사랑과 긍휼만 가득한 눈이다. 이 세상 그 누구도 가질 수 없는, 오직 그분만 갖고 계신 그 깊은 사랑과 긍휼과 자비로운 눈길! 아직도 격렬하게 날뛰던 기쁨의 파도가 아직도 가슴에서 출렁이는데 이제는 그 파도 위로 한없이 부드러운 바람이 불어오듯 그분의 미소와 사랑의 눈이 그를 부드럽게 어루만졌다. 말이 필요 없었다. 그 모습이면 충분했다.

  사울은 어린아이처럼 다시 엉엉 울기 시작했다. 그 울음은 오래 만나지 못하고 그리워하기만 하던 엄마를 만난 아이가 엄마 품에 안겼을 때 터져 나오는 끅끅거리는 신음 섞인 울음이었다. 그 순간 이 세상엔 아무도 없고 오직 그 한 분만 가득했다. 사울 자신마저도 없었다. 이렇게 영원히 그분의 무한한 사랑의 품에 푹 안겨 있을 수만 있다면…. 그렇게 일평생을 살아갈 수만 있다면…. 지금까지 온 생애를 바쳐 열심히 갈고 닦아온 지식도, 지혜도, 세상 자랑도 아무것도 아니었다. 모두 다 버려야 할 배설물이었다!

  그 순간 그는 죽었다, 예수님 안에서. 그리고 다시 살아났다, 예수님 품에서. 그를 살아나게 한 것은 은혜였다! 율법의 벽을 부수고 자기 같은 죄인에게 찾아와 살려주신 예수님의 사랑이었다! 아무것도 한 것 없이 거저 받는 선물, 이것이 은혜다! 그는 큰 소리로 외치고 싶었다. 율법을 지켜서 구원받는 것이 아니었다. 죽어도 사람은 그 율법을 온전히 지킬 수 없다. 오직 하나님의 은혜, 예수 십자가를 통한 은혜, 그 은혜로 구원을 얻는 것이다. 이제야 그동안 하나님과 막혔던 길이 뻥 뚫리는 것 같았다. 그는 감격에 겨워 다시 꺼이꺼이 울었다.

사명

　시간이 어떻게 지났는지 모른다. 저 멀리에서부터 부옇게 새벽이 오고 있었다. 사울은 지친 몸을 땅에 눕히고 그 뿌연 색이 말갛게 될 때까지 하늘을 바라보고 있었다. 일평생 한 번도 겪어 보지 못한 놀라운 경험을 했다. 아직도 심장이 뛴다. 아직도 몸이 뜨겁다. 아, 얼마나 따뜻한 품이었던가. 얼마나 멋진 해후였던가. 이제부터 영원히 그분을 만날 수 없다 해도 이처럼 확실히 그분의 품에 안겼던 이 체험을 가지고, 그리고 십자가의 복음을 들고 그분을 전파하리라!
　아나니아에게 세례를 받을 때도 그는 큰 감동에 휩싸였었다. 그러나 지난밤의 체험은 그의 삶을 송두리째 예수님께 바치게 만든 감격적인 사건이었다. 그 결심은 그가 한 것이 아니었다. 불가항력적인 성령이 그의 가슴속에 불덩이처럼 심어준 결심이었다. 그래, 어떤 고난이 오더라도, 어떤 슬픔 속에서 헤매게 되더라도 예수님 한 분이면 족하다. 그분 앞에서 난 지극히 작아졌다. 하나님의 빛 앞에서 세상 모든 것이 스러진 것이다. 그는 자신이 작은 먼지 같은 자라는 사실이 뼛속 깊이 느껴졌다.

　날이 더욱 밝아졌다. 그는 길게 숨을 들이켰다가 내쉬며 일어났다. 그리고 한껏 밝아진 대지를 바라보았다. 마른 풀이 듬성듬성 돋고 여기저기 뾰족하게 깨진 거친 돌들이 산재해 있는 광야, 가시가 삐죽삐죽 돋아난 볼품 없는 선인장들이 구부정한 자세로 서 있는 그 땅 위로 태양 빛이 점점 더 강해졌다. 그런데…. 응? 뭐지? 왜 이러지? 그 메마른 대지가, 그 거친 돌멩이들이, 그 못나 보이는 선인장들이, 그리고 로뎀나무들이 웅성웅성 소리를 내는 것 같았다. 그리고 어제까지만 해도 거칠고 험악해 보이기만 하던 광야가 밤새 거룩한 빛으로 샤워를 한 듯 깨끗하고 맑은 빛, 마치 새 봄에 가지에서 막 돋아난 어린 나뭇잎 같은 그런 순결한 빛을 띠며 반짝이고 있었다. 광야의 흙이, 돌멩이가, 선인장이 왜 이처럼 아름답지? 왜 이처럼 사랑스럽지? 저 하늘은? 저 빛깔은 왜 저렇게 곱지?

　그는 두 손으로 눈을 꽉꽉 눌러 비비고 다시 눈을 떠 자기가 서 있는 주위부터 찬찬히 살펴봤다. 잘못 본 것일지도 몰라. 그럴 리가 없어. 어제까지 분명히 저 대지는 무척이나 메말랐고, 저 돌멩이나 선인장은 그렇게도 볼품없었다. 그리고 아마 이때쯤이면 자신도 저 말라빠진 나무 조각처럼 변해 있을 거라고 생각했다. 그런데 지금 바라보는 이 세상은 분명히 어제와 같은 대지고, 같은 돌들이고, 같은 선인장인데 밤새 완전히 변해 있었다. 그는 숨을 깊이 들이쉬었다. 자신의 내면 저 깊은 어느 곳에서부터 전혀 새로운 감정, 기쁨인지 사랑인지 모를 샘이 흘러나왔다. 아름다웠다. 어여뻤다. 대지가, 돌멩이가, 선인장이, 그리고 그 모든 것이 빛에 싸여 있는 것 같았다.

이 모든 것이 이토록 신선했던가? 이토록 빛이 났던가? 그는 땅에 엎드렸다. 그리고 두 팔을 벌려 그 사랑스러운 대지를 껴안았다. 그 마른 흙덩이에 입을 맞추었다. 얼마나 사랑스러운가, 얼마나 아름다운가, 하나님이 만드신 세계가. 그렇게 엎드리고 있는 사울 위로 부드러운 바람이 산들거리며 지나갔다. 그는 긴 시간을 그런 모습으로 엎드려 있었다.

갑자기 두 팔이 점점 길어지는 느낌이 들었다. 한없이 길어지는 두 팔! 어, 이건 뭐지? 정신을 차려 일어나려고 하는 순간, 놀랍게도 그의 품에 온 세계가 들어왔다. 얼떨결에 그는 그 세계를 껴안았다! 안디옥, 실루기아, 버가와 밤빌리아, 루스드라와 잇달리아와 바보, 마게도니아와 로마, 소아시아와 유럽이, 그리고 그 안에 사는 사람들이 모두 그의 팔 안에 들어왔다. 그들이 그의 팔 안에서 합창하며 춤을 추었다. 그는 꿈결처럼 그들을 품에 안았다. 그 많은 사람들이 그 넓은 땅이, 그 망망한 바다가 그의 팔 안에서 뛰놀았다. 그리고 그 위로 부드럽고 잔잔한 미소를 띤 예수님의 얼굴이 보였다. 그리고 말씀하셨다. "그래, 그렇게 하는 거야. 그들은 모두 네 품에 있다. 그들에게 내가 너를 보낸다. 그들에게 가서 복음을, 십자가를 증거해라." 비록 직접 목소리로 말씀하신 것은 아니나 사울은 분명히 또렷하게 예수님의 말씀을 들었다. 그것은 경험한 사람만이 알 수 있는 영의 음성이었다.

사울은 오랫동안 두 팔을 벌린 채 땅에 엎드려 있었다. 어느새 이제 자기 팔 안에는 지구도 없고, 그 많던 사람도 없고, 예수님의 얼굴도 안 보였다. 그냥 땅바닥에 널브러져 있는 자신으로 돌아온 것이다. 그러나 그는 여전히 그 환상 속에 있는 것 같았다. 평생 처음 도무지 이해할 수 없는 경험들을 하고 있는 자신이 환상 속에 있는 것인지, 아니면 그것이 실제인지 분간이 안 되었다. 하지만 분명한 건 예수님이 자신을 만나주셨다는 것이다. 그리고 사명을 주신 것이다. 오늘 주신 말씀 역시 다메섹 도상에서 주신 말씀과 같다. "네가 행할 것을 네게 이를 자가 있느니라"라고 하신 예수님이 아나니아의 입을 통해 "이 사람은 내 이름을 이방인과 임금들과 이스라엘 자손들에게 전하도록 하기 위하여 택한 나의 그릇이다"라고 인장을 찍듯 그렇게 말씀을 주셨다. 그때는 아나니아의 입을 통해 하셨지만, 오늘은 그분이 직접 말씀하셨다. "가라! 그리고 증거하라!"라고.

사울은 주님이 명하신 대로 다메섹에서 예수가 하나님의 아들이심을 증언했다. 그래서 그곳 사람들로부터 협박을 받아 그곳을 탈출했다. 그러나 어제와 오늘 체험한 모든 것은 확실히 사울을 사도로 부르시는 예수님의 영적 명령이었고 경험이었다.

'사도'란 그리스어로 '아포스톨로스'(ἀπόστολος), 라틴어로는 '아포스툴루스'(apostulus)이며, '파견된 자' 또는 '사자'(使者)라는 뜻이다. 결코 거역할 수 없는 그분의 지상명령 앞에 그는 오직 순복하는 길밖에 없었다. 이제 그는 누가 뭐라 해도 변할 수 없는 예수 그리스도의 사도가 되었다!

사울은 일어나 앉았다. 그리고 어제 주님께서 보여주신 그 그림을 다시 생각해 보았다. 예수님의 제자들을 겁박하고 박해하며 감옥에 잡아넣었던 일들이 생각났다. 그들에게 얼마나 무정하고 차갑게 대했던가…. 살기등등했던 모습, 날카로운 눈매, 죽일 듯 노려보던 끔찍한 눈, 가슴을 치고 통곡하며 후회하는 모습…. 그런데 그런 자신을 주님이 부르시고 보내시겠다고 하신 것이다. 전에는 최고의 율법학자로 자처했고, 그래서 많은 사람들로부터 높임 받고 존경을 받았지만, 예수님 앞에 서니 가장 못난 자가 바로 자신이었고, 아무 쓸모 없는 자가 바로 자신이었다. 사울은 자꾸만 작아지고 작아지는 자신을 발견했다. 나는 예수님께 무슨 유익을 드렸나? 그분을 밟고 그분의 제자들을 욕보이기만 하지 않았는가? 지극히 낮아진 마음으로 그는 얼굴을 땅에 대고 기도하기 시작했다.

"오, 주여! 나같이 아무 쓸모 없는 무익한 자를 어찌 부르십니까? 어떻게 그런 큰 사명을 맡기십니까? 오로지 주님을 모욕하기만 했던 살인자요, 훼방자였던 제가 감히 주님의 사도라는 그 큰 이름을 감당할 수 있겠습니까? 주님의 영광을 가리기만 하는 것이 아닐까 두렵습니다. 주여, 제가 주님의 마음을 잘못 읽은 것이라면 가르쳐 주옵소서."

눈물이 하염없이 흘렀다. 어떤 일들이 자기 앞에 펼쳐질지 알 수 없었지만, 이 귀한 부르심은 온몸이 짜릿할 정도로 감격스러웠다. 주여, 주님이여! 그는 몇 번이고 이렇게 불러 보았다. 보잘것없는 자신을 부르신 그분의 뜻이 어디에 있는지 알고 싶었다. 그러자 주님이 아나니아에게 하셨던 말씀이 모두 이해되기 시작했다.

"그가 내 이름을 위하여 얼마나 고난을 받아야 할지를 내가 그에게 보이리라."

아! 그분을 위해서라면 그 어떤 고난도, 아픔도 모두 견뎌내리라. 슬픔도 외로움도, 채찍과 매와 돌로 침을 받음도, 결국은 죽음까지도 견뎌내리라. 그 길은 주님이 먼저 가신 길이다. 주님이 나를 위해 죽으셨으니 이제는 내가 주님을 위해 그 길을 가리라. 눈물을 흘리며 그는 예수님 앞에 무릎을 꿇었다.

"주여, 나를 보내소서. 나를 받아주소서. 이제 이후로는 살아도 주를 위해, 죽어도 주를 위해, 이 목숨은 사나 죽으나 주님의 것입니다."

그는 그날 종일토록 기도하며 시편의 송가로 하나님께 찬송을 올려 드렸다.

사울은 40일 동안 광야에 있으면서 기도에 힘썼다. 과거에 그는 다른 어떤 바리새인들보다 더 열정적으로 유대교를 믿어 조상들의 유전을 열심히 지키느라 예수 믿는 무리를 박해했다. 그럼에도 예수님께서는 그를 사도로 부르시고 사명을 주셨다. 그리고 이제 사울은 그동안 풀지 못해 답답했던 구원에 이르는 길인, 은혜의 복음과 율법이 어떻게 연결되는지를 깨닫게 되었다.

하나님께 나아갈 수 있는 유일한 길, 그것은 십자가에 달려 희생 제물이 되신 예수님이었다. 그래서 예수님은 자신을 가리켜 "내가 길이요, 진리요, 생명이다"라고 하셨다. 십자가는 하나님께 가는 길이고, 하나님의 말씀을 구현하는 진리이며, 죄로 죽었던 인류를 살리는 생명이다.

사울은 그동안 어깨 위에 무겁게 얹혀 있던 율법이라는 짐이 한순간에 툭 떨어지는 것을 느꼈다. 자유! 날아갈 것 같은 가벼움! 그는 노래하고 춤추었다. 주위의 모든 것들도 함께 노래하고 춤추는 것 같았다.

이는 사울에게 최초의 새로운 교리, 법의 칼날에서 사랑과 은혜의 교리가 정립된 시간이었다. 지난날의 그 모든 방황은 오늘의 이 진리를 깨닫게 하기 위함이었다! 성경의 모든 율법은 우리를 예수 그리스도께로 인도하기 위한 몽학선생이었다!

사울은 다시금 새 힘이 솟는 듯 일어나 펄쩍펄쩍 뛰며 두 손을 높이 들고 흔들었다. "예수님, 감사합니다! 감사합니다. 예수, 예수~~~." 광야 메마른 땅에 사울의 외침이 길게 울려 퍼졌다.

바나바

예수님의 제자는 열두 사도 외에도 70인이 더 있었다. 그 이름은 성경에 없지만 이들 역시 열두 사도 못지않게 예수님의 사역에 동참하며 물심양면으로 도와주었다. 예수님도 제자들을 불러 전도하도록 내보내실 때 70인도 함께 보내셨다. 바나바는 이 70인 중의 한 사람이었다. 그는 예수님이 행하신 기적들과 말씀에 큰 감명을 받아 예수님의 제자가 되었을 뿐 아니라, 마가의 다락방에서 120문도와 함께 금식하다 성령을 받고 자기 밭을 팔아 제자들 발 앞에 놓아두기도 했다. 그의 원래 이름은 요셉이었으나 사도들은 '바나바'라는 애칭으로 불렀다. 바나바란 권면과 위로의 아들이란 뜻이다. 요셉이 부드러운 성품으로 늘 곤경에 처한 사람들을 위로하고 돕는 데 앞장섰기 때문이다. 그는 원래 구브로라는 섬이 고향이었으나 예루살렘과 다른 지역을 부지런히 오가며 사업을 하며 사도들을 돕고 있었다.

그러던 어느 날 스데반을 죽이는 데 옷을 맡았고 그 후에도 예수 믿는 많은 사람을 잡아 옥에 가두고, 그것도 모자라 다메섹까지 가서 그 일을 하려던 사울이 갑자기 회심하여 예수는 그리스도라고 전도하며 다닌다는 얘기를 들었다. "말도 안 돼! 도저히 믿을 수 없어." 처음 그 말을 들었을 때는 강하게 머리를 흔들었으나, 한두 사람도 아니고 다메섹에서 온 사람마다 같은 말을 반복하니 차츰 사울에 대한 궁금증이 일었다.

어느 날 이 문제를 깊이 생각하다가 그는 직접 가봐야겠다는 결심을 하고 다메섹으로 달려갔다. 다메섹에는 아나니아가 살고 있다. 신실하고 너그러운 마음을 가졌다는 점에서 공통점이 있는 이 두 사람은 예루살렘에서 만났을 때 무언가에 끌려 서로 통성명을 하고 가까워졌다. 사람 좋은 바나바는 누구에게나 친절했으며, 아나니아 역시 친절하고 후덕한 사람이었다. 그래서였을까, 이 두 사람은 그 후에도 특별한 우정을 이어가고 있었다.

마침 아나니아는 집에 있었다. 바나바는 아나니아에게 인사를 하고 그의 거실에 들어서자마자 사울에 대한 얘기부터 꺼냈다.

"그러지 않아도 당신이 궁금해할 줄 알았어요."

아나니아는 싱긋이 웃음을 지었다. 그러나 이내 진지한 표정으로 바뀌었다. 사울에 관한 일이 얼마나 중요한 것인지를 잘 알았기 때문이다. 아나니아는 우선 오랜 여행에 지쳤을 바나바를 편히 쉴 수 있는 자리에 앉히고 아내에게 따뜻한 차를 준비해 오라고 시켰다. 이제부터 사울에 대한 이야기를 하려면 금방 끝나지 않을 것 같았기 때문이다.

바나바는 숨을 고르며 자리에 앉아 주위를 둘러보았다. 아무런 장식이 없는 깨끗한 실내를 햇빛이 환하게 비추고 있었다.

아나니아의 아내가 차를 내왔다. 그녀 또한 남편의 영향을 받아 일찍이 예수님을 그리스도로 영접하고 집에 찾아오는 손님들을 대접하는 것이 몸에 배어 있는 사람이었다. 바나바는 예루살렘 부흥의 현장에 참여하고 제자들과 함께 전도하다가 구브로에 있는 자기 집으로 돌아갈 때 아나니아의 집에서 며칠 묵은 적이 있었다. 그때 다메섹에 있는 제자들을 만나 그들을 격려하고 함께 기도도 했었다. 그러했기에 아나니아의 아내도 바나바를 반겼다.

"먼 길 오시느라 수고가 많으셨어요. 따뜻한 차 좀 먼저 드세요. 곧 저녁 식사를 준비할게요."

그녀가 차와 과일을 내놓으며 말했다.

말린 사과를 섞어 만든 차에선 향기로운 냄새가 났다. 그녀는 그 차와 함께 무화과 말린 것과 건포도를 접시에 내왔다. 지중해 지역에 자리 잡은 이스라엘은 2천 년 전에도 많은 일조량과 건조한 날씨로 과일이 풍부했다. 그러기에 외국에 나가 사는 사람들도 웬만큼 살게 되면 고향에서 나는 과일과 곡식을 가져다 먹곤 했다.

바나바는 이 집을 형제의 집처럼 편안하게 여겼으므로 감사하다는 인사를 하고 차를 마시며 물었다.

"사울이 이 댁에 얼마나 머물렀나요?"

"아니, 사울은 우리 집에 있지 않고 직가에 있는 유다 집에 있었어요. 이곳에는 모임이 있을 때만 가끔 오곤 했지요."

"아, 그렇군요." 바나바가 고개를 주억거렸다.

아나니아가 미소를 머금은 채 바나바의 눈을 응시하며 말했다.

"사울에 대해 알아보기 위해 여기까지 달려오다니…. 당신의 열심도 보통은 아니네요. 나도 사울을 처음 보는 순간 정말 놀랐어요. 그는 모질고 잔인하게 우리 성도들을 감옥에 잡아넣던 사람이라고는 상상할 수 없을 정도로 나약해져 있었고 풀이 죽어 있었어요."

"정말이요? 그 사람이 그렇게 변하다니…. 주님이 아니라면 절대로 변할 사람이 아닌데…."

"맞아요. 그 사람이 그렇게 된 것은 오로지 우리 주님의 손길 때문이에요. 주님이 앞으로 그 사람을 얼마나 크게 사용하실지 그게 정말로 궁금해요."

계속해서 아나니아는 어느 날 기도 가운데 예수님이 나타나셔서 그에게 지시하신 말씀과 자신이 직가라는 거리에 있던 유다의 집으로 사울을 찾아갔던 일을 이야기해 주었다.

"내가 그를 보았을 때 그는 이미 맹인이 되어 있었고, 사흘 동안 먹지도 마시지도 않았기에 힘 없이 앉아 있었어요. 그 어디에도 살기등등한 모습은 보이지 않았지요. 내가 그에게 어찌 된 일이냐고 물으니, 다메섹으로 오던 중에 하늘로부터 햇빛보다 더 강렬한 빛이 비쳐 자기 눈이 멀게 된 것과 주님께서 그에게 하신 말씀을 말해 주더군요."

"주님이 그에게 나타나셨다고요? 주님이 그에게 뭐라고 하셨나요?"

"주님께서 '사울아, 사울아, 네가 어찌하여 나를 박해하느냐? 가시채를 뒷발질하기가 네게 고생이구나'라고 하셨답니다. 그래서 사울이 '주여, 누구시니이까?' 했더니 주님께서 '나는 네가 박해하는 예수다. 너는 일어나 시내로 들어가라. 네가 행할 일을 네게 이를 자가 있다'라고 말씀하셨답니다. 그 말씀을 듣고 일어나려 하니 아무것도 보이지 않더래요. 같이 있던 사람들이 그를 부축해서 이곳까지 왔다더군요. 사울은 완전히 얼이 나간 것 같았어요. 그것은 단순히 자신이 맹인이 되었기 때문만은 아닌 것 같았어요. 자신이 그토록 박해했던 바로 그 예수님이 자신에게 직접 나타나 말씀하신 것에 너무도 놀라 수없이 자문자답하며 그 사흘을 보냈을 테니까요. 하늘의 빛이 비취니 자신의 어두웠던 마음이 보이고 자신의 행동이 하나님 앞에 얼마나 큰 죄악이었는지 깨닫게 되었던 것 같아요. 내가 찾아갔을 때 그는 이미 반쯤 죽어 있었어요. 그는 내가 찾아올 것을 미리 환상을 통해 알았다고 해요. 그 때문에 순순히 내 말을 들었고 나의 안수를 받았어요. 우리 주님께서 미리 다 준비해 주신 거죠. 저는 주님의 말씀대로 기도했을 뿐이에요. 그러자 그의 눈에서 비늘 같은 것이 떨어져 나가면서 눈이 떠졌어요."

"매우 놀랍군요. 정말 우리 주님은 우리가 받는 박해를 자신이 받는 박해라고 생각하시는군요. 우리가 받는 박해와 모욕이 결코 헛된 것이 아니네요. 주님께 감사와 영광을 돌립니다."

"그렇습니다. 할렐루야, 아멘! 그런데 주님께선 앞으로 사울이 받게 될 고난에 대해 말씀하셨답니다. 그가 이방인들에게 예수님의 이름을 전파하다가 받게 될 고난이 엄청날 것을 암시하셨습니다."

"그렇군요. 그렇게 고난받게 될 것을 말씀하셨을 때 사울이 어떻게 반응했답니까?"

"그는 자기가 그렇게 제자들에게 고통을 주었으니 자신도 당연히 고난을 받아야 한다고 하더군요. 그렇게 생각할 뿐 아니라 오히려 고난받기를 바라는 사람처럼 보였어요. 자신이 우리를 박해한 죄를 용서받기 위해선 당연히 자기가 고난을 받아야 한다면서요."

"아…."

바나바는 고개를 깊이 숙였다. 그렇구나! 주님은 그를 그렇게 쓰시기로 계획하셨구나.

아나니아는 사울이 눈을 뜨고 세례를 받자 곧 다메섹 회당으로 가서 예수께서 그리스도이심을 전파했던 것과 계속 그렇게 전도하다 유대인들의 거센 미움의 대상이 되어 결국 다메섹을 떠나게 된 이야기를 해주었다.

"우린 캄캄한 밤을 이용해서 그를 광주리에 매달아 성 밖으로 내보냈지요. 그에게 필요한 것을 몇 가지 구해서 주었는데 그 후 어떻게 되었는지 모르겠어요. 사울 형제도 딱히 자기가 어디로 가겠다는 말을 하지는 않았으니까요."

아나니아는 사울에게서 그의 고향이 다소라는 것을 들은 적이 있었다. 그의 아버지는 바리새인으로 다소에서 직조와 천막 장사를 하여 꽤 부유하였고, 그 성공을 통해 로마시민권까지 가질 수 있었다고 했다. 그리하여 사울은 날 때부터 로마시민이면서 예루살렘으로 유학을 가서 가말리엘의 문하에서 공부도 할 수 있었다고 들은 기억이 떠올랐다.

"어쩌면 자신의 고향인 다소로 갔을지도 모르겠네요."

아나니아가 말했다. 바나바도 그럴 것이라 짐작했다. 그러나 그는 지금은 다소까지 가서 그를 만날 때가 아닌 것 같다고 생각했다. 지금 아나니아에게서 들은 것으로 충분했다. 사울이 예수님을 따르는 사람이 되었다! 정말 우리에게는 천군만마를 얻은 것 같은 기쁜 소식이다. 앞으로 그는 주님의 말씀대로 어떤 고난이 올지라도 예수님을 뜨겁게 전파할 것이다! 하나님이 하시는 일은 정말 기기묘묘하다.

하나님은 우리의 상상과 지혜를 뛰어넘는 분이시다.

　최고의 바리새인 학자, 그러나 최악의 박해자, 교만한 머리를 흔들며 우리를 멸시하던 그가 예수님 앞에 무릎을 꿇었다! 이제 그는 목숨 걸고 담대히 예수님을 전파할 것이다.

　바나바는 며칠 더 아나니아의 집에 머물다 고향 구브로로 돌아갔다. 앞으로 이 사람이 얼마나 사울의 편에 서서 그의 전도 사역을 돕게 될 것인지는 성경에 자세히 기록되어 있다. 집으로 돌아가는 바나바의 마음은 하늘을 날 듯 부풀어 올랐고, 주님을 향한 사랑이 어느 때보다 가슴에 넘쳐흘렀다.

다시 다메섹으로

아라비아 광야에서 놀라운 경험을 하고 율법과 복음의 관계를 깨닫게 된 사울은 이제 정말로 다른 사람이 되었다. 의(義)의 길로 가는 길이 이처럼 명확하고 곧게 뻗어 있음에도 그 오랜 세월 동안 몸부림치며 율법에 매달려 살아온 자신의 삶이 안타깝기 그지없었다. 그러나 한편으론, 이스라엘이 애굽을 떠나던 날 밤 문지방 양쪽 기둥과 문설주에 발랐던 양의 피가 그 집 안에 있는 사람들을 죽음에서 구원해 주었듯, 속죄양 되신 예수님의 십자가 피가 죄인 중 괴수 같은 자신의 생명을 살렸다는 사실이 한없이 감사했다. 이제는 매를 맞는다 해도, 굶주린다 해도, 희롱을 당한다 해도, 심지어 죽는다 해도 조금도 두렵지 않았다. 예수님이 그 모진 고난을 먼저 다 받으셨기 때문이다. '나는 그분을 고통스럽게 한 사람들 중에서도 가장 극악한 사람이었다. 그러니 주님을 위해 핍박받는 것을 오히려 고맙게 여겨야 할 것이다.'

그는 얼마 전에 보았던 예수님의 십자가를 생각했다. 가시관을 쓰신 머리에서는 얼굴로 피가 흘렀고 옆구리에서도, 못 박힌 손과 발에서도 끊임없이 피가 흘러내렸다. 온몸엔 40에 하나 감한 매질로 상흔이 자자했다. 못에 박힌 채 꼼짝없이 나무에 매달려 있던 그 몸! 그분은 거기서 사울을 내려다보고 계셨다. 그분의 눈과 사울의 눈이 마주쳤다. 그 순간 사울은 아악 하고 소리치며 몸부림쳤다. 그분이야말로 세상 죄, 아니 자기 죄를 짊어지고 죽음으로 가는 어린양이었다. 그분의 십자가 사랑으로 율법 앞에서 죽어야만 하는 자신의 죄가 사해진 것이다.

"율법이 육신으로 말미암아 연약하여 할 수 없는 그것을 하나님은 하시나니 곧 죄로 말미암아 자기 아들을 죄 있는 육신의 모양으로 보내어 육신에 죄를 정하사 육신을 따르지 않고 그 영을 따라 행하는 우리에게 율법의 요구가 이루어지게 하려 하심이니라"(롬 8:3-4).

아, 나는 내 몸에 그리스도의 흔적을 갖고 싶다! 그래서 온전히 주님과 하나가 되고 싶다. 그가 내 안에, 내가 그분 안에…. 그렇게 하나가 되고 싶다!

예수님의 십자가! 이제부터 그 십자가만 바라보고 가리라. 어디서 무슨 일을 당하든 그 십자가 앞에 나를 드리리라!

언제 그가 눈이 멀었던 적이 있었나 싶을 정도로 그의 눈은 그의 일생 중 가장 형형히 빛났고, 모든 사물을 꿰뚫어 볼 것처럼 강렬했다. 그 빛의 강렬함에는 주님을 향한 불타는 사랑이 오롯이 담겨 있었다.

사울은 우선 자신이 도망쳐 나오긴 했으나 자신이 거듭나는 체험을 하고 처음으로 예수님을 영접했던 다메섹으로 돌아가 아나니아와 형제들을 만나고 싶었다. 그는 지난 40일 동안 자신의 안식처가 되어 준 로뎀나무를 쓰다듬어 보았다. 가시들이 뾰족이 돋아나 있는 광야의 나무, 엘리야가 이세벨에게 쫓겨 도망가다 지친 몸을 쉬어갔던 나무. 엘리야는 이 나무 밑에서 하나님이 천사를 통해 그에게 보내주신 숯불에 구운 떡과 물을 먹고 힘을 얻어 밤낮 40일을 뛰어 호렙산에 올라갈 수 있었다.

사울은 이처럼 뜻깊은 로뎀나무 아래서 예수님에게서 새로운 사명을 받고 다시 뛰어갈 수 있는 힘을 얻게 되었다. 하늘의 양식을 배부르게 먹었다. 아직도 생생했다. 그분의 따뜻한 품, 파도처럼 밀려오던 그분의 사랑, 소리치고 또 소리쳤던 기쁨의 함성! 먹은 것도 없고 잠자리도 편치 않았지만 조금도 피곤치 않았다. 아니, 오히려 힘이 솟구쳤다.

그는 하나님께 감사의 기도를 올렸다.

"오, 하나님 아버지, 우리 주 예수님이여, 감사합니다. 이제 나는 예수님의 십자가로 나를 옭아매던 율법에서 해방되었음을, 예수님이 그리스도이실 뿐 아니라 나의 구주이심을, 내가 그리스도 안에 살고 있고 예수 그리스도께 속한 자임을, 그리스도의 존재와 그 무궁하신 권능을 믿습니다. 이 세상 만물보다 부패하고 지극히 작고 보잘것없는 나에게 주님이 생명을 쏟은 십자가를 전하는 사명을 맡겨주심을 감사드립니다. 주님이 가신 그 십자가의 길, 나도 따라가겠습니다. 그 십자가가 곧 나의 십자가가 되게 해주소서. 이제 나는 십자가에서 죽었습니다. 나의 자랑은 오직 십자가뿐입니다."

두 손을 높이 들고 그는 오래오래 기도했다.

다메섹에서 쫓기듯 한밤중에 도망쳐 나올 때와는 달리 몸도 마음도 가볍게 그는 다메섹을 향해 걸음을 옮겼다. 한편으론 작은 염려도 생겨났다. 성문지기들이 나를 알아볼까? 못 들어가게 하면 어떡하지? 그러나 실제로 사울을 위협하고 괴롭힌 사람들은 정부 관리나 로마 병정들이 아니라 같은 민족인 유대인들이었다.

성문지기들은 그 누구도 그가 사울임을 알아보지 못했다. 그에게서 빛나는 것은 두 눈뿐, 40일 동안 먹지도 못한 채 광야에서 뒹구는 동안 그의 모습은 걸인 중의 걸인으로 바뀌어 있었다. 그런 모습이 오히려 자신을 숨기기에는 좋았다. 40여 일 동안 광야에서 입고 자고 했던 옷은 거의 다 해지고 더러워져 있었고, 비쩍 마르고 제대로 씻지 못한 몸과 덥수룩한 머리카락에서는 악취가 났다. 그야말로 볼품없는 사나이였다.

그가 다메섹 성문 안으로 들어가려 하자 성문지기는 그의 모습을 보고 쯧쯧 혀를 찼을 뿐, 그를 막을 생각은 하지 않았다. 사울은 주님께 감사하며 우선 아나니아의 집으로 걸음을 옮겼다. 직가에 사는 유다의 집보다 아나니아의 집이 더 마음이 편했기 때문이다.

아나니아는 집에 있었다. 그의 아내는 점심 준비를 서두르고 있었다. 아나니아는 식탁에 앉으려다가 밖에서 무슨 소리가 나는 듯하여 입구 쪽을 바라보았다. 그의 집은 문이 밖에서 들어오는 사람은 내실을 볼 수 없지만 안에 있는 사람은 밖의 사람을 알아볼 수 있게 되어 있었다. 이 집의 주인은 바로 그 점을 염두에 두고 집을 지었다.

다시 다메섹으로

사울은 그의 성격대로 아나니아의 집에 불쑥 들어갔다. 처음에 아나니아와 그의 아내는 사울을 알아보지 못했다. 너무나 초라하고 뼈만 남은 데다 눈만 형형히 빛나고 있는 이 사람이 사울이라곤 생각조차 할 수 없었다. 사울이 입을 벌리고 놀란 눈으로 자기를 쳐다보고 서 있는 아나니아에게 미소를 지으며 인사를 건넸다.

"그동안 잘 지내셨습니까?"

그제야 사울의 목소리를 알아본 그들이 깜짝 놀라며 사울을 반겼다.

"아니, 이게 웬일이요? 도대체 어디서 무얼 하다 온 거요? 그리고 행색이 이게 뭐요? 어쨌거나 우선 좀 씻으셔야 되겠소."

그는 종에게 사울을 욕실로 안내하고 새 옷을 가져다드리라고 지시했다. 사울은 종을 따라 욕실로 가 몸을 씻고 그가 가져다준 편안한 옷을 입고 다시 아나니아 부부 앞에 나타났다. 깨끗해진 사울을 자세히 보니 단순히 전보다 마르기만 한 것이 아니라 그 얼굴이 어딘가 모르게 환하고 맑게 빛나는 느낌이었다. 확실히 변한 모습이었다. 물론 사울이 다메섹 도상에서 예수님의 음성을 듣고 세례를 받은 후 그전과 생활이 바뀐 것은 분명했으나, 오늘의 모습은 그때와는 또 다른 명랑하게 빛나는 그 무엇이 뿜어져 나오는 것 같았다. 성령을 받고 열두 사도와 교제를 나누었던 아나니아는 사울에게서 뿜어져 나오는 그 느낌이 무엇인지 알고도 남았다.

"오, 완전히 다른 사람이 되셨군요. 그동안 어떤 일이 있었나요? 나에게 이실직고하지 않으면 가만두지 않겠어요."

아나니아가 한쪽 눈을 찡긋하며 웃었다. 그의 아내도 미소를 지으며 따뜻한 눈빛으로 사울을 바라보았다.

그들은 아나니아의 간절한 감사기도와 함께 식사를 했다. 오랫동안 굶주렸던 사울은 부드러운 죽을 부탁하여 조금 먹고 약간의 신선한 포도즙만 마셨다. 그럼에도 그는 기운이 부쩍 솟아남을 느꼈다. 식사가 끝나고 사울은 자신이 바구니에 담겨 성을 떠난 이후로 지금까지 일어났던 모든 일을 소상히 이야기했다.

"다메섹 도상에서 주님의 음성을 듣고 당신에게서 세례를 받은 후, 저는 확실히 이전과는 다른 사람이 되었습니다. 그러나 그 광야에서 만난 주님은 저를 한층 더 깊은 하나님의 사랑의 길로 인도해 주셨지요. 저는 아무리 노력해도 사람을 사랑할 수가 없었어요. 사랑하고는 싶은데 제 안에 뿌리 박혀 사라지지 않는 율법이 사람들 속에 있는 악을 너무도 훤히 보여주어서 도저히 가까이 갈 수가 없었어요. 제 눈에 보이는 그들의 악이 사실 제 안에도 있다는 것을 알면서도…. 저는 제 속의 악은 물론이고 사람들 속에 있는 온갖 악, 교만과 이기심과 비겁함과 음란과 추악함이 마치 거울을 보듯 훤히 보였기에 너무도 괴로웠어요. 아무리 한탄하고 절망하고 울며 그 문제를 해결하려고 몸부림쳐도 도저히 해결할 수가 없었지요. 그러나 하나님의 은혜를 입고 나니 그 은혜가 모든 악을 덮어 버리는 것을 느꼈어요. 정말 한순간이었죠. 저도 놀랄 정도였어요…. 물론 아직도 사람들 속에 있는 악들이 보이긴 하지만 그것들이 더는 저를 괴롭히거나 미움이 생기게 하지는 않습니다. 왜냐하면 주님의 은혜가 그들을 불쌍히 보게 할 뿐 아니라 내 속에 있는 죄의 욕망까지도 그 은혜로 이길 수 있게 해주기 때문입니다. 이것이야말로 너무나도 놀라운 하나님의 은혜의 신비입니다."

사울은 눈을 반짝이며 힘주어 이야기를 마무리했다. 완전히 무언가에, 정확히는 사랑에 빠져버린 사람의 모습이었다. 그것은 하나님의 거룩한 사랑이었다. 아나니아는 그런 사울을 경탄의 눈으로 바라보며 그토록 깊이 하나님을 만나는 체험을 한 사울을 꽉 끌어안았다.

"오, 주님, 감사합니다. 사울 형제를 이렇게 변화시켜 주신 주님을 찬송합니다. 주여, 사울 형제를 보호하여 주시고 복음을 전할 때 원수들이 얼씬도 못 하게 지켜주시옵소서."

아나니아의 목소리는 감격으로 떨렸다.

사울은 다메섹에서 다른 제자들과 함께 얼마 동안 더 머물면서 집집마다 다니며 자신이 믿게 된 복음을 전했다. 지난번 다메섹에 왔을 땐 예수가 그리스도이심을 전하였다. 그런데 이번엔 자신이 경험하고 깨닫게 된 복음의 비밀, 즉 죄에서 자유를 얻게 되는 것은 소와 양의 피가 아니라 십자가에서 희생제물이 되어 피를 흘리신 예수를 믿음으로 얻게 된다는 것을 전하였다. 많은 다메섹 사람들이 사울이 직접 체험한 예수님과 함께 '믿음으로 구원을 얻게 된다'는 복음을 듣고 예수님을 믿기 시작했다.

유대인들은 처음엔 사울이 다시 다메섹에 온 것을 알지 못했으나 마침내 그들에게도 알려지게 되었다. 그러자 또다시 사울을 죽이려고 음모를 꾸몄다. 사울의 신변을 염려하는 제자들이 사울에게 유대인들의 이런 음모를 알려주었다.

결국 사울은 스스로 다메섹을 떠나기로 결심하고 아나니아에게 심경을 털어놓았다.

"아무래도 이제 여기서는 더 이상 전도할 수 없을 것 같아요. 이곳을 떠나겠습니다."

"정말 섭섭하군요. 사울 형제가 함께여서 정말 든든했었는데…. 어디로 가시든 다시 만날 수 있길 바랍니다. 그런데 혹시 어디로 가실 건가요?"

"일단 고향인 다소로 가고 싶지만 먼저 아라비아로 다시 가보겠습니다. 그곳에서 복음을 전하며 좀 더 깊은 기도 시간을 갖고 싶어요."

아나니아와 그의 가족은 이제 헤어지면 언제 또 만나게 될지 알지 못하여 못내 섭섭해하며 사울을 떠나보냈다. 사울도 섭섭하기는 마찬가지였다. 할 수 있으면 다메섹에서 아나니아와 함께 예수님의 복음을 전하며 살고 싶었으나 주님께서 자기를 다른 곳으로 보내고 있음을 깨달았다. 사실 다메섹은 굳이 사울이 있어야 할 이유가 없었다. 아나니아와 같은 훌륭한 복음 전도자와 제자들이 있으니…. 이미 다른 사람이 터를 닦아놓은 곳에 자신이 꼭 있어야 할 필요가 없었다. 예수님처럼 다른 곳에도 가서 전도해야겠다는 소망이 그의 심장에서 타오르고 있었다. 그는 우선 주님과 깊은 사랑의 시간을 가졌던 아라비아 광야에 한 번 더 가고 싶었다. 그곳에서 다시 한번 주님께 부르짖고 기도하며 어디로 가야 할지를 정하고 싶었다. 그는 가벼운 마음으로 아라비아로 향했다.

사울이 갔던 아라비아는 사하라 사막같이 모래사막으로만 이루어진 곳이 아니고, 다소처럼 문명화된 도시도 아니었지만 사람들이 사는 마을이 있는 다메섹 도시 근처에 있는 광야였다.

〈기독신문〉에서는 아라비아에 대해 이렇게 설명했다.

"사울이 갔던 아라비아는 아라비아 사막을 말하는 것이 아니라 아라비아 주를 가리킨다. 이곳은 당시 나바티아 왕국이 자리잡은 땅으로 사해 남동쪽 일대에 길게 뻗어 있다. AD 106년 로마제국의 한 주로 병합되기 전 이 왕국은 바울 당시 아레타스 4세의 통치하에 있었다. 바울이 다메섹에서 광주리를 타고 들창문으로 성벽을 내려가 도망치도록 협박한 장본인이 아레타스 4세와 동일인이라면(고전 11:33), 당시 이 왕국의 영향력이 다메섹에 미치고 있었다고 볼 수 있다. 근래의 고고학적 발굴의 성과는 이 지역에 상당수의 성읍이 분포던 사실을 전한다. 그 가운데 대표적인 도시로는 페트라와 보스트라 등이다. 바울이 아라비아의 어떤 도시로 들어간 것인지, 아니면 어느 조그만 촌락을 근거지로 삼아 일정 기간 머문 것인지는 확인할 길이 없다. 성경은 바울 스스로 아라비아로 간 사실만을 언급할 뿐, 아라비아의 어느 곳을 어떤 목적으로 갔는지 밝히지 않고 있기 때문이다. 그러나 그가 3년간 아라비아에서 기도와 묵상의 시간을 통해 계시를 받았을 것이라는 주장이 신뢰를 받고 있다. 이 주장에 따르면 바울은 아마도 이곳에서 갈라디아에서 드러나는 '이신칭의' 교리를 정교화했을 것이다. …어떤 모양이든 그가 아라비아에서 보낸 3년이라는 시간은 장래 사역을 위한 준비가 되었을 것이다."

사울은 다시 한번 아라비아 광야로 갔다. 그곳은 여전히 뜨거운 태양이 이글거리는 거친 광야였다. 누렇게 시든 뻣뻣한 풀들이 뭉텅이로 여기저기 산재해 있는, 길도 없는 그곳을 그는 예수님과 십자가를 생각하며 걸었다. 거칠기 그지없는 광야지만 그는 거기서 주님을 뜨겁게 만났다. 그때 세상이 변했었다. 거친 땅이 어쩌면 그리도 아름다웠던지, 이글거리는 태양이 어찌 그리 우람하고 장렬했던지…. 그는 자기도 모르게 시편 19편을 큰 소리로 암송했다. 두 손을 번쩍 들고 외치는 그의 음성이 지평선 끝까지 다다르는 것 같았다.

"하늘이 하나님의 영광을 선포하고 궁창이 그의 손으로 하신 일을 나타내는도다 날은 날에게 말하고 밤은 밤에게 지식을 전하니 언어도 없고 말씀도 없으며 들리는 소리도 없으나 그의 소리가 온 땅에 통하고 그의 말씀이 세상 끝까지 이르도다 하나님이 해를 위하여 하늘에 장막을 베푸셨도다. 해는 그의 신방에서 나오는 신랑과 같고 그의 길을 달리기 기뻐하는 장사 같아서 하늘 이 끝에서 나와서 하늘 저 끝까지 운행함이여 그의 열기에서 피할 자가 없도다"(시 19:1-6).

정말 밝고 환하게 차려입은 신랑 같은 태양이 힘 있는 장수처럼 그를 향해 화답하는 것 같았다. 그는 펄쩍펄쩍 힘 있게 발을 구르며 뛰었다. 마음껏 달려도 누구 하나 흉볼 사람이 없었고, 마음껏 소리쳐도 아무도 방해할 사람이 없었다. 오직 하늘의 예수님과 천사들만이 그를 향해 기뻐하며 손뼉을 쳐주시는 것 같았다. 비록 사람들에게서는 쫓겨났지만 그의 마음은 하늘을 나는 것 같은 기분으로 붕 떠 있었다. 아버지가, 예수님이 알아주시니 기뻤다. 누가 이 기쁨을 알리요.

어느새 자기가 40일간 기도하며 성령을 체험했던 그 로뎀나무가 가까워졌다. 그는 마구 뛰어 그 나무로 달려갔다. 마음 같아서는 나무를 붙들고 춤을 추고 싶었지만 가시 때문에 그러지는 못하고 그 나무 주위를 빙빙 돌며 춤을 추었다.

'로뎀'이란 히브리어로 '시궁창'이란 뜻이다. 바리새인 중의 바리새인이요, 당시 최고 학문의 전당인 가말리엘 문하에서 공부하고 후에는 산헤드린 회원이 될 수 있을 거라는 말을 들었던 사울, 당당하고 남 부러울 것 없는 지식과 좋은 가문의 사람…. 그가 거친 광야에서, 그것도 시궁창이란 이름을 가진 로뎀나무 밑에서 성령을 받았다는 사실이 많은 것을 생각하게 한다. 하나님은 이처럼 자신을 다 내려놓고 시궁창 밑에서 잠자며 하나님의 은혜를 갈구하는 자에게 나타나시는 것이 아닐까? 그래서 사울이 "내가 그를 위하여 모든 것을 잃어버리고 배설물로 여김은 그리스도를 얻고 그 안에서 발견되려 함이니"라고 고백하였던 것이 아닐까? 그는 이 시궁창이란 뜻을 가진 나무 아래서 받았던 성령을 다시 체험하고 싶어 이곳으로 돌아왔다. 그리고 이 광야에 들어서면서부터 찬양이 터져 나오고 하나님을 향한 벅찬 마음이 끓어올랐다. 감사했고 또 감격했다.

양을 치던 목동 다윗이 그러지 않았을까? 그 어린 소년이 어찌 그리 아름다운 찬양을 주님께 드릴 수 있었을까? 다윗은 이 거친 광야에서, 또는 풀밭에서 양들을 치며 하늘의 해와 달과 별을 보며 하나님의 유구하심을 생각하고 그 크신 권능에 압도되었을 것이다.

사울은 다윗에 대한 그리움 같은, 사랑스러움 같은 감정을 가득 품에 안고 "여호와 우리 주여, 주의 이름이 어찌 그리 아름다우신지요~" 시편을 노래하며 로뎀나무 그늘 밑에 앉았다. 그러자 다시 한번 그때의 그 강렬했던 순간이 가슴 가득 차올랐다. "주님, 감사합니다." 그가 나지막이 속삭였다. "나 같은 자에게 그 큰 은혜를 주시다니요. 오, 주님! 나에게 주님의 그 귀한 사명을 맡겨 주시다니요. 나를 사도로 부르시다니요…." 그의 눈에서 또다시 눈물이 주르르 흘렀다. 그날 온종일 그는 그 나무 밑에서 기도하며 찬송을 불렀다. 어느 틈에 그의 입술에선 방언이 터져 나오고 방언 찬양까지 나와 그는 오후 내내 방언으로 하나님을 찬양했다.

방언 찬양은 두 번째 다메섹에 갔을 때 처음 터졌다. 어느 날 형제들과 함께 큰 소리로 "주여, 이제도 저희의 위협함을 하감하옵시고, 또 종들로 하여금 담대히 하나님의 말씀을 전하게 하여 주옵소서" 하고 기도할 때였다. 많은 신자들이 유대인들로부터 위협을 당하고 종교 지도자들이 보낸 병사들과 관리들이 주의 제자들을 계속 붙잡아 가고 있었기에 정말 간절한 마음으로 기도하지 않을 수 없었다. 모두가 두 손을 높이 들고 눈물로 기도할 때, 갑자기 방언 찬양이 사울의 입에서 흘러나왔다. 사울은 소리 높여 찬양을 불렀다. 그 찬양 소리는 자신도 놀랄 정도로 깊은 울림이 있는 장중하면서도 아름다운 미성(美聲)이었다.

사실 사울의 목소리는 그렇게 아름답다고 할 수 없었다. 약간 쉰 듯 꺼칠한 음색이 섞인 그의 목소리는 찬양보다는 영성 깊은 설교를 할 때 오히려 사람들의 심금을 울릴 수 있는 소리였다. 그런데 그날의 방언 찬양은 참으로 아름다웠다. 어떻게 나에게서 이런 소리가 나오지? 아, 저 천국에 가면 하나님 앞에서 이렇게 찬양하겠구나! 그는 하나님의 보좌를 바라보는 마음으로 하늘을 우러러 계속 찬양했다. 천군천사와 헤아릴 수 없이 많은 사람들이 한목소리로 보좌에 앉으신 하나님을 향해 찬송을 부르는 그 속에 사울 자신도 끼어 함께 소리 높여 찬송을 부르는 모습이 보이는 듯했다. 그의 마음과 영혼도 그의 찬양과 함께 높이 높이 솟아올랐다.

그는 자기 목소리의 한계가 어디까지일까 생각하며 계속 소리를 높여 찬양했다. 하늘 보좌에까지 그 찬양 소리가 닿기를 간절히 바라면서…. 감사와 기쁨, 평화, 사랑이 그의 영혼의 바다에서 출렁였다. 오 주님, 감사합니다. 감사합니다, 할렐루야!

그때였다. 갑자기 몸이 붕 뜨는 것이 느껴졌다. 어! 뭐지? 미처 말을 내뱉기도 전에 그는 어느새 자신의 몸이 공중으로 떠올랐다는 것을 깨달았다. 너무나 순간이었다. 자신이 몸속에 있는지 몸 밖에 있는지 분간할 수가 없었다. 분명히 몸은 있는데 그렇게 가벼울 수가 없었다. 공기처럼 가벼워진 몸이 어디론가 빠르게 달려갔다. 오, 주님, 이게 무엇인가요? 눈을 들어 사면을 보자 어느새 자신이 하늘 저 위로 날아가고 있었다. 그리고 어디선가 지상에서는 한 번도 맡아본 적이 없는 향기가 코로 스며들어왔다. 한 번도 들어본 적 없는 신비로운 음악 소리도 들렸다. 두근거리는 가슴으로 놀라서 주위를 두리번거리다 끝없이 펼쳐진 아름다운 꽃밭 가운데 서 있는 자신을 발견했다. 그 꽃들이 자신을 향해 한결같이 웃고 있었다. 꽃이 웃다니! 도무지 상상도 할 수 없었던 일이다. 분명 그냥 꽃인데 웃고 있는 것을 보고 있는 자신이 놀라웠다. 그뿐 아니라 그 꽃들에선 빛과 싱싱한 생명력이 뿜어져 나오고 있었다. 빛과 아름다움과 웃음과 생명력의 조화였다. 사울은 그 찬란함에 놀라 멍하니 꽃들을 바라보았다. 바로 그때 그는 성경을 통해서, 또는 선배 학자들을 통해서 들었던 천사들을 보았다. 어디에서 왔는지 흰옷을 입은 두 명의 천사가 그의 곁에 섰다. 그들의 얼굴과 몸 전체에서도 빛이 나고 있었다. 아름다운 얼굴의 천사들은 미소를 지으며 사울을 인도했다.

그들은 순식간에 다른 곳으로 이동하였다. 바로 삼층천이었다. 그곳은 정말 도저히 인간의 말로는 형용할 수 없는 곳이었다. 보통 엄청나게 큰 슬픔이나 기쁨을 경험하면 말로 표현이 불가능하다. 그런데 이처럼 아름답고 고상하고 깨끗하며 생명이 넘쳐나는 광경도 표현하기가 어렵다. 모든 길은 황금빛으로 빛나고 있고, 보석으로 지어진 집들은 상상을 뛰어넘는 아름답고 품격 있는 모습으로 정확한 간격을 두고 서 있었다. 수정같이 맑은 시냇가에는 탐스러운 열매가 열린 나무들이 시원하고 멋지게 늘어서 있었다. 사울이 그 아름답고 화려한 광경에 놀라 눈을 두리번거리고 있을 때, 언제 오셨는지 예수님이 그의 곁에 서 계셨다.

사울은 다메섹 도상에서 빛이 쏟아지는 가운데 예수님의 음성을 들었다. 그리고 지난번 광야에서 예수님의 모습을 보았다. 십자가에 달리신 그 처참한 모습, 그리고 한없는 애정과 긍휼이 가득 담긴 눈으로 자신을 바라보시던 주님의 얼굴은 미소를 머금은 인자한 얼굴이었다. 그러했기에 그는 예수님을 어느 정도 안다고 생각하고 있었다. 그러나 삼층천에서 뵌 예수님은 광야에서 뵈었던 모습과 또 달랐다. 그분은 온몸 전체가 빛과 생명이었다. 세상에서 그보다 더 흰 것은 없을 것 같은 빛난 흰 옷을 입고 허리에는 금띠를 띠셨다. 그분의 입에서 나오는 음성은 많은 물소리 같으면서도 음성 자체가 사랑이고 자비였다. 예수님은 사울을 태초 이전, 그가 세상에 태어나기 전부터 잘 알고 계신 것 같았다. 물론 앞으로의 사울의 삶도 모두 꿰뚫고 계셨다. 그분의 눈빛과 미소 띤 얼굴이 그 모든 것을 말하고 있었다. 예수님은 사울을 향해 천천히 말씀하셨다.

"사울아, 참 잘 왔다. 다메섹 도상에서 나의 음성을 들은 이후 네가 어떻게 지내는지 다 보고 있었다. 그동안 나와 복음을 위해 헌신하였던 너의 삶을 다 알고 있다. 앞으로 나를 향한 너의 헌신과 사랑이 더욱더 깊어질 것이다. 또 너를 향한 나의 사랑도 더욱 깊어질 것이다. 힘을 내라. 두려워하지 말아라. 내가 항상 너와 함께하고 있음을 잊지 말아라."

예수님은 이렇게 말씀하신 후, 후우~ 하고 사울을 향하여 숨을 내쉬셨다. 그 순간 사울은 완전히 변했다. 인간의 육적인 힘과 능력이 아닌 성령으로 충만해지고 지혜가 충족해지며 어떤 고난이나 박해도 능히 이겨낼 수 있는 하늘의 용기가 생겼다. 그러나 사울은 자신이 그렇게 변했다는 것을 아직 깨닫지 못하고 있었다. 뭔가 새로워진 느낌, 놀라운 무엇이 자신 속에 들어왔다는 것을 느낄 뿐이었다.

예수님이 말씀하셨다. "너에게 줄 상급이 크다. 그 상급은 네가 지상에 있는 동안 복음을 전하는 것과 함께 성경을 쓰는 일이다. 이 세대만이 아니라 대대로 수많은 사람이 네가 쓴 성경을 통해 복음의 진리를 깨닫고 구원을 얻게 될 것이다. 이 사명을 네게 주노니 너는 어떤 환경에서라도 성경을 써라. 성령이 너와 함께하실 것이다."

그 후 예수님은 그를 데리고 삼층천 여기저기를 다니셨다. 그분 곁에는 수종 드는 천사들이 있었다.

예수님은 사울을 아브라함과 이삭, 야곱, 다윗, 엘리야에게 데리고 가셨다. 사울은 그들이 누구인지 즉시 알아볼 수 있었다. 그들 또한 빛이었다. 예수님에 비할 바는 못 되지만 신비한 빛으로 둘러싸인 그들 모두 사울을 반겨 주었다. 그들 역시 오래전 태초부터 사울을 잘 알고 있었던 것 같았고, 사울 역시 그들을 잘 알고 있었던 것처럼 느껴졌다. 그냥 그렇게 알게 되었다. 사울은 마치 깊은 바닷속 어류들이 유유히 헤엄을 치며 서로를 향해 미소 짓는 것 같은 신비함을 느꼈다. 거기엔 어떤 단절도, 어색함도 없었다. 마치 물이나 공기가 자연스럽게 서로 어울리는 것과 같은 부드럽고 사랑스럽고 편안한 만남이었다. 그들은 사울이 앞으로 하게 될 일들과 그로 인해 받아야 할 고난에 대해 함께 이야기를 나누었다. 사울은 그러한 상태에서는 고난이든, 핍박이든, 아니 죽음도 두렵지 않다고 생각했다. 오히려 그것은 상상할 수 없는 큰 상급이었다. 그는 주님이 하라시는 일이라면 그 어떤 일도 마다하지 않고 감사함으로 감당할 수 있다고 생각했다. 오, 주님, 저에게 어떤 일이 닥쳐도 저는 감사밖에 드릴 것이 없습니다.

주님과 그 신앙의 선조들은 그러한 사울의 마음을 마치 다 알고 있다는 듯 부드러운 미소를 띠고 사울을 바라보았다. 이야기가 끝나자 예수님이 자리에서 일어나셨다. 다들 자리에서 일어나 예수님을 배웅하였다. 예수님은 사울을 처음 그가 보았던 그 꽃밭으로 데리고 오셨다.

"이제는 돌아가 너의 사명을 감당해라."

그분의 음성은 말할 수 없이 부드러우셨으나 또한 단호하셨다.

사울은 기쁜 마음으로 대답했다.

"네, 주님, 저를 보내 주소서."

사울이 눈을 뜨니 여전히 로뎀나무 밑이었다. 응? 꿈이었나, 환상이었나? 사울은 잠시 그대로 누운 채로 하늘을 보았다. 태양이 서쪽으로 떨어지고 있었다. 붉은 태양은 드넓은 하늘에 빨강, 주황, 보라, 초록, 파랑, 흰색이 어우러진 빛깔로 거대한 노을을 그리고 있었다.

마치 자신이 방금 보고 온 그 천국 빛깔의 연장처럼…. 사울은 한참 동안 그 노을을 바라보며 말로 표현할 수 없을 만큼 아름다웠던 천국 생각에 깊이 잠겼다. 얼마나 지났을까? 목이 말랐다. 그는 일어나 주머니에서 물병을 꺼내 목을 축였다.

이제 어디로 가야 하나? 주님을 만난 이곳, 삼층천까지 올라가 주님과 아브라함과 믿음의 선조들을 만난 이곳을 떠나고 싶지 않다. 아, 그렇지! 아라비아의 마을에 가서 거처를 정하고 자주 이 광야로 오자. 이곳에서 하나님께 기도하며 또다시 예수님을 만나자. 그리고 계속 말씀을 더 깊이 묵상하자. 예수님도 나에게 성경을 쓰라고 하셨으니 그 성경을 쓸 수 있는 준비를 하자. 복음을 전할 준비를 하자.

다메섹에서의 전도는 많은 열매를 맺지 못했다. 그때는 아직 내가 영적으로 무르익지 못했었기 때문이다. 그렇게 익지 못한 채 그저 열정만 앞섰다. 나의 인격도 아직 모자란 것이 너무 많다. 내가 만난 예수님과 신앙의 선조들은 얼마나 부드럽고 온유하신가. 그러면서도 얼마나 생명력이 넘치고 엄위하셨던가. 나는 이 로뎀나무처럼 아직 가시가 삐쭉거리고 거칠기 한이 없다. 이 모든 것이 변해야 한다. 그러려면 얼마나 많은 시간이 필요할까. 내 속사람이 완전히 변화하려면….

사울은 거의 3년 동안 아라비아에 머물렀다. 그는 그 마을에 있는 어느 한 귀퉁이 땅을 얻어 자기가 살 천막을 세웠다. 그리고 천막 만드는 재료들을 사서 천막을 만들어 팔기 시작했다. 유목민들이 많이 사는 중동 지역에서는 천막이 곧 집이었고 삶의 터전이었다. 사울은 다른 제조업자들보다 훨씬 튼튼하고 모양도 아름답게 천막을 만들었기에 금방 소문이 나서 천막이 잘 팔렸다. 삶의 기틀이 조금씩 잡히자 그는 수시로 광야로 나가 기도와 묵상에 잠겼다. 그리고 성경을 읽고 또 읽으며 율법과 복음의 연관성에 대하여 더 깊이 묵상했다.

어느 날 그는 기도하는 가운데 예수님이 제자들에게 "만일 너희에게 믿음이 겨자씨 한 알 만큼만 있어도 이 산을 명하여 여기서 저기로 옮겨지라 하면 옮겨질 것이요, 또 너희가 못할 것이 없으리라"라고 말씀하셨다는 것이 생각났다. 율법을 온전히 지킨다는 것은 이 산을 여기서 저기로 옮기는 것만큼 힘든 문제다. 불가능하다. 그러나 겨자씨만큼만 믿음이 있으면 그렇게 온전히 지키기 불가능한 율법이라도 지킬 수 있다. 그러므로 믿음은 율법이라는 산을 옮길 수 있는 능력이다! 하박국 선지자가 "의인은 그의 믿음으로 말미암아 살리라"(합 2:4)라고 한 것이 바로 이것이었다. 믿음이 모든 것을 이긴다!

이 깨달음으로 사울은 믿음이 더욱 자랐고 예수님을 믿고 따르고자 하는 열정도 계속 더 커졌다. 그는 천막을 만드는 일도 자신의 의식주를 해결할 수 있을 정도만 했다. 무엇보다 예수님을 더욱더 알아가고 싶었다. 그분의 성품을 더 닮고 싶었다. 그래서 더 자주 광야로 나갔다. 기도와 말씀 없이는 죽을 것 같은 절박함을 가지고 더욱 열심히 하나님께 매달렸고, 예수님은 그러한 사울을 한없는 사랑과 자비로 품어 주셨다. 그러한 시간을 보내고 난 후면 그는 어김없이 사람들에게 찾아가 자신이 깨달은 복음을 전하곤 했다. 마치 예레미야가 "다시는 말을 하지 않으려 했으나 말하지 않고는 내 가슴이 불붙는 것 같아서 하나님의 말씀을 전하지 않을 수 없다"라고 했던 것처럼, 자신의 가슴에 불붙는 예수님의 사랑과 천국과 복음의 위대함을 전하지 않고는 견딜 수가 없었던 것이다.

  아마 이때가 어쩌면 사울의 인생에서 가장 행복했던 시기였을 것이다. 예수님과의 신혼 같은 달콤함과 가슴 가득한 열정이 하늘을 찌르는 것 같았던 때…. 그는 이제 더는 바리새인으로, 율법학자의 명성으로 살지 않았다. 오로지 주 예수를 믿는 믿음의 사람, 예수님의 품에 안겼던 행복한 사람으로 복음 전도자의 삶을 살기 시작한 것이다.

야고보와 베드로

　어느새 아라비아에서의 3년이 훌쩍 지났다. 어느 날, 어떻게 알았는지 바나바가 사울을 찾아왔다. 사울이 아라비아에서 열심히 전도하고 있다는 얘기를 듣고 수소문해서 찾아왔으리라. 두 사람은 만나는 순간 마치 다윗과 요나단처럼 서로에게 끌리는 무언가를 느꼈다. 바나바는 '위로하는 자'라는 그의 별명답게 사울을 보자 와락 끌어안으며 반가움을 표시했다. 두 사람은 한층 더 심해지는 핍박으로 많은 제자가 여기저기로 흩어지고 있던 엄혹한 시기에 한 주님인 예수님을 섬긴다는 끈끈한 영적인 연대감 외에도, 오랜 서로에 대한 궁금증이 있었기에 마주 보는 순간 뜨거운 마음이 되었다. 잠시 후 포옹을 풀자 사울이 바나바에게 물었다.
　"어떻게 여기까지 오셨습니까?"
　사울은 아나니아에게서 바나바가 구브로에 있는 재산을 팔아 사도들의 발 앞에 다 내어놓았다는 얘기를 들었다. 그는 이처럼 늘 사람들을 위로해 주고 아낌없이 자신의 것을 내어놓고 섬기는 사람이었기에 중앙(예루살렘)에 있는 사도들에게서도 두터운 신망을 얻고 있다고 했다. 또 두 번째 다메섹에 갔을 때는 바나바가 자기를 찾으러 다메섹까지 왔었다는 얘기를 들었다. 한때 살기등등하여 예수를 따르는 자들을 핍박하던 사울이 하루아침에 돌변하여 예수가 하나님의 아들이며 그리스도라고 사람들에게 전하고 다닌다는 얘기를 들었으니 얼마나 놀라웠을까.

그렇다고는 해도 그 후로 3년이나 아무 소식 없다가 이제 자신을 찾아온 이유가 궁금했다. 사울은 우선 바나바를 장막 안으로 들어오게 하고 야자대추차를 끓여 내놓았다. 바나바는 차를 마시며 주위를 둘러보았다. 천막을 만드는 재료들과 직조물들이 한쪽에 쌓여 있을 뿐 실내는 지극히 단순했다. 식사를 해결하기 위한 간단한 조리도구와 화덕이 있는 곳이 부엌이라는 것을 알 수 있었다. 한때 기세등등한 바리새인이었으며 부친은 다소의 유지이고 로마 시민권을 가진 사울이 이처럼 초라한 장막에서 손수 빵을 구워 먹으며 예수를 전하며 사는 모습을 보니 참으로 감회가 새로웠다. 예수님의 능력은 참으로 놀랍구나! 사울의 얼굴엔 무언가 모를 평안한 빛이 어려 있었다. 예전의 모습을 본 적이 없어서 잘 모르겠지만 강직하고 교만했을 그의 모습은 충분히 상상하고도 남았다. 그러나 지금 사울에게는 그러한 모습은 어디에도 없고 그저 온화하고 평화로운 미소만이 얼굴에 떠올라 있었다. 바나바는 사울의 그런 모습에 적잖이 놀라면서 대답했다.

"아, 사울 형제의 소식을 가끔 듣고 있었지요. 그래서 이제는 당신을 예루살렘의 사도들께 소개해 드리고 싶은 마음에 이렇게 찾아왔습니다. 예루살렘에 가서 사도들을 만나지 않으시겠습니까?"

사울은 바나바가 이런 제안을 하리라고는 꿈에도 생각하지 않았기에 속으로 깜짝 놀랐다. 혹시 바나바가 사울의 마음을 알았던 것일까? 사울은 혼자 복음을 전하고 있었지만 예수님의 진짜 제자들인 사도들을 만나고 싶은 마음이 없지 않았다. 그들을 만나면 지난날의 잘못에 대해 용서를 빌고 이제 그리스도 안에서 한 형제 된 자로 떳떳이 함께 주님을 섬길 수 있을 것이라고 생각했다.

"아, 그렇게까지 저를 생각해 주시다니 정말 감사합니다. 저도 사도님들을 만나 뵙고 싶습니다. 하지만 옛날의 저를 생각할 때 감히 그분들을 뵐 수가 없을 것 같군요. 도저히 저 혼자서는 그분들을 만날 용기가 나지 않네요."

"그래서 이렇게 제가 왔습니다. 저도 사울 형제를 꼭 사도들에게 소개해 드리고 싶습니다. 혼자 이렇게 고군분투하지 마시고 사도들로부터 영적인 후원을 받으신다면 훨씬 힘이 나실 겁니다."

"고맙습니다, 고맙습니다."

사울은 바나바의 손을 두 손으로 움켜쥐며 기뻐했다. 그날 그는 바나바와 거의 밤을 새우다시피 하며 이야기를 나누었다. 저녁을 간단히 먹은 후 천막 밖에 카펫을 깔아놓고 그 위에 앉아 둘이 두런두런 나누는 얘기는 정답고도 따뜻했다. 바닷속처럼 깊고 검푸른 하늘의 별들은 항구의 불빛들처럼 일렁이며 그들의 이야기를 듣고 있는 듯했다.

바나바는 자신이 어떻게 예수님을 믿게 되었는지에 대해 얘기했다. 그는 열두 사도들에는 들지 않았지만 예수님이 살아계실 때부터 활동한 70인의 제자 중 한 사람으로, 그때도 아낌없이 자신을 드리며 예수님과 사도들을 섬겼다. 그는 마음이 넓고 인자한 사람이었다. 사울이 예지에 빛나는 사람이라면, 바나바는 덕이 넉넉한 사람으로 사람들의 마음을 푸근히 감싸주는 따사로움이 있었다. 어쩌면 둘은 환상적인 동지라고 할 수 있을 것이다. 사울은 바나바에게 다메섹에서 주님의 음성을 듣고 눈이 멀게 된 이야기에서부터 다메섹에서 전도하다 쫓겨난 것, 광야에서의 영적 체험, 삼층천에 올라갔던 일 등을 새벽이 올 때까지 이야기했다. 마치 첫사랑으로 들뜬 소년처럼 그는 예수 사랑의 열병을 앓고 있었다.

바나바는 사울의 논리적이고 명석한 언어 구사와 함께 예수님을 향한 뜨거운 열정의 바다에 그만 빠져버릴 것 같았다. 정말 이토록 주님을 뜨겁게 사랑하는 사람을 이렇게 광야에 혼자 내버려 둘 수 없다. 저 열정, 저 순수한 마음, 저 논리적인 언변! 이 사람이 복음을 전한다면 그 누가 그의 말을 반박할 수 있을까? 사울은 우리 주님께서 복음 전파를 위해 예비해 놓으신 사람이다! 바나바는 그와 함께 복음을 마음껏 전할 미래를 생각하며 기쁨으로 입이 다물어지지 않았고 그를 향한 사랑이 용솟음치는 것을 느꼈다. 전심으로 그를 도와주고 싶었다. 그들은 새벽녘이 되어서야 잠자리에 들었다. 바나바는 꿈에서도 사울의 이야기를 들었다. 꿈에서도 사울은 끊임없이 이야기하고 또 이야기했다. 바나바의 얼굴에 빙긋 미소가 떠올랐다.

다음 날은 사울이 먼저 일어났다. 피곤할 것 같았는데 조금도 피곤하지 않았다. 아니, 오히려 청량한 음료를 마신 것처럼 몸과 마음이 개운했다. 그는 부지런히 빵과 말린 무화과 열매, 어제 길어온 물로 아침 식사를 준비하고 바나바가 깨기를 기다렸다. 하늘을 보았다. 하늘도 그들의 여행길을 축복해 주려는 듯 붉은 태양이 환한 빛을 사방에 뿌리며 솟아올랐다. 동쪽 하늘에 흩어져 있던 구름이 햇빛을 받아 황금빛 붉은색으로 물들어 있었다. 여행하기에 참 좋은 날씨다. 사울은 기지개를 켜며 하나님께 감사기도를 드렸다. 바나바와 함께 예루살렘에 가서 사도들을 만날 생각을 하니 가슴이 한껏 부풀어 올랐다.

지난 3년 동안 홀로 고군분투하며 예수님을 찾고 성경을 샅샅이 뒤져 단어 하나라도 놓치지 않고 예수님이 메시아임을 찾아내기 위해 힘썼다. 기도하고 또 기도하며 불같은 성령을 체험하고 읽는 성경에서 이 세상 어떤 것보다 깊고 오묘한 진리를 깨달았다. 성령 체험을 하고 읽는 성경은 그 전에 머리 싸매고 공부하며 연구하던 성경이 아니었다. 그때는 딱딱한 바위를 끌로 긁는 것 같은 수고로움으로 공부하는 느낌이었다. 그러나 성령 체험 후 읽는 성경은 정말 시편 기자의 고백처럼 꿀이었다. 그러자 전에는 해석되지 않던 구절들까지 깨달아지고 해석이 되었다. 특히 이해되지 않던 부분들에 예수님을 대입하니 성경 전체가 환히 깨달아지는 즐거움이 있었다. 말씀이신 예수님이 성령의 빛으로 말씀을 밝히 해석해 주시기 때문이다. 이 모든 경험과 지식으로 그의 영혼은 바다처럼 넓어지고 우주만큼 커진 것 같았다. 사도들을 만나면 모두가 이렇게 변한 자신을 바나바가 그랬던 것처럼 덥석 안아줄 것만 같았다. 그들은 3년 반 동안이나 예수님과 동고동락한 사람들이다. 그러한 그들이니 얼마나 넓은 마음을 가졌겠는가? 나 또한 열심히 그분들을 섬기리라. 사랑하리라. 저 바나바가 나를 사랑하는 것같이….

바나바도 여행에 대한 긴장감 때문인지 사울보다는 늦었지만 그래도 일찍 일어났다. 그들은 "샬롬!" 하고 인사를 하고 대강 씻은 후 식탁에 앉았다. 사울이 바나바에게 기도를 부탁했다. 바나바가 기도했다.

"우리 주 예수 그리스도의 하나님, 영광의 아버지여, 주님의 거룩하신 뜻이 있어 사울 형제를 창세 전에 택하여 주셨으니 하나님께는 영광이요, 우리 모두에게는 큰 기쁨입니다. 이 형제가 주님의 나라를 위해 얼마나 많은 일을 하게 될지 주님께서 아십니다. 사울 형제가 가는 길에 주님께서 늘 동행하여 주시고 능력으로 역사하사 하나님의 나라가 크게 확장되게 하여 주옵소서. 오늘도 일용할 양식을 주심에 감사드리며 주 예수 그리스도의 이름으로 기도드립니다. 아멘."

"아멘."

두 사람은 서로 마주 보며 빙긋이 웃고 함께 식사를 했다. 식사 후 사울은 천막 안을 대충 정리하고 문단속도 끝낸 후 바나바와 함께 길을 떠났다.

아라비아에서 예루살렘까지는 걸어서 4~6일 정도 걸린다. 사울과 바나바는 급할 것은 없지만 그렇다고 마냥 늦장 부릴 필요도 없었기에 부지런히 걸어서 4일 반 만에 예루살렘에 도착했다. 바나바는 사도들이 모여 있는 장소를 잘 알고 있었다. 120문도의 머리 위로 성령의 불이 떨어졌던 바로 그 마가의 다락방이었다. 바나바와 사울은 모든 사도가 사울의 회심을 기뻐하며 두 손 들어 환영하리라는 기대를 안고 예루살렘으로 들어섰다. 사울은 거의 3년 반 만에 찾은 예루살렘의 거리를 보며 만감이 교차했다. 보고 싶은 사람들이 주마등같이 머릿속을 지나갔다. 하지만 지금은 3년 반 전의 내가 아니다. 가말리엘 문하생도, 바리새인도 아니고 오직 세상 사람들이 꺼리는 나사렛파 일당일 뿐이다. 그로 인해 아내와 가족들까지 나를 버렸다.

사울의 장인은 그가 다메섹 회당에서 "예수는 그리스도다" 하고 외쳤다는 얘기를 듣자 일방적으로 사울과 자기 딸을 이혼시키고 사울의 장례식을 치러버렸다. 바리새인이요, 산헤드린 회원이었던 장인은 사울로 인해 자신과 가족이 당할 불명예를 처음부터 차단하고자 했다. 그는 딸의 이혼보다 사위가 나사렛파라는 것이 더 치명적인 불명예라고 생각했다. 사울은 그런 가슴 아픈 소식을 듣고 예전의 친지들을 아무렇지 않게 만날 수가 없었다. 그는 그리움을 가슴 가득 안고 여기저기 둘러보았다. 예루살렘은 3년 반 전과 똑같이 아무런 변화가 없었다. 이러한 사울의 마음을 어루만지듯 바나바는 사울의 어깨를 가볍게 두드렸다. 그러고는 사울을 마가의 다락방 근처에 있는 주막으로 데리고 갔다. 그는 사울을 그곳에 남겨두고 자신은 먼저 사도들을 만나고 오겠다며 마가의 집을 찾아갔다.

마가의 다락방에는 요한, 나다나엘, 빌립, 도마, 바돌로매와 예수님의 형제 야고보가 있었다. 사도들은 특별히 나가서 전도하거나 병을 고치는 일 외에는 함께 모여 기도와 말씀에 더 열심을 내고 성도들을 보살피는 일을 했다. 그들은 바나바를 보자 반색하며 서로 끌어안았다.

"그동안 어디 갔었어요? 한동안 안 보이기에 고향으로 가셨나 했지요."

요한이 물었다.

"네, 곧 말씀드릴게요. 그동안 모두 안녕하셨지요? 베드로 사도는 어디 가셨나요?"

"아, 조금 있으면 오실 거예요. 어느 집 아이가 몹시 아프다고 해서 기도해 주러 가셨어요."

베드로는 걷지 못하는 자를 '예수' 이름으로 일어나게 했고, 중풍 병자를 일으켰으며, 심지어 죽은 과부 도르가도 살렸다. 그에 대한 소문은 이미 예루살렘에 파다하게 퍼져 있었다. 바리새인이나 서기관들까지도 은밀히 그를 찾아오고 있었다. 역시 병 고침이나 죽은 자를 살리는 기적은 사람들의 마음을 주님께로 돌리게 하는 좋은 도구가 된다.

바나바는 자신이 아라비아로 사울을 찾으러 갔던 얘기를 했다. 제자들도 3년 반 전 사울이 다메섹 도상에서 예수님을 만난 후 회심하여 다메섹 회당에서 예수가 그리스도라고 증거했다는 소문을 들어 알고 있었다. 그때 바나바가 다메섹까지 가서 아나니아를 만나 사울에 대한 소문이 사실인지 확인까지 했기 때문이다. 그럼에도 사도들은 아직까지 사울을 순수한 마음으로 영접하기에는 뭔가 꺼려지는 것이 있었다. 그들 중에는 사울의 나사렛파 일망타진 프로젝트에 의해 가족과 친척들이 커다란 상처를 입게 된 이들도 있었다. 그들은 감옥에 갇히기도 하고, 채찍에 맞아 장애를 입기도 했다. 그가 변했다고는 해도 살기등등했던 그의 얼굴을 기억하고 있는 그들에겐 다시 그를 보는 것 자체가 고통이기도 했다.

그런데 믿음직스러운 바나바가 사울을 찾으러 아라비아까지 갔다니 뭐라 말은 못 하고 그저 어정쩡한 마음이었다. 그들은 처음 바나바를 반기던 모습과는 다르게 시무룩한 표정이 되었다. 금세 분위기가 딱딱해졌다. 바나바도 그 분위기를 느꼈다. 그는 차마 사울을 여기까지 데리고 왔다는 말은 선뜻 하지 못한 채 손가락만 만지작거리고 있었다. 무거운 분위기를 깨고 예수님의 형제 야고보가 물었다.

"바나바 형제님, 수고 많으셨습니다. 그 사울이란 사람, 요새 뭐 하고 있나요?"

야고보는 예루살렘 공회에서 베드로와 함께 모두가 존경하는 인물이다. 예수님의 형제인 야고보는 예수님의 사역 초기에는 형인 예수가 스스로 하나님의 아들이라고 하는 게 못마땅했다. 다른 형제들 곧 요셉, 시몬, 유다도 같은 생각이었다. 그들은 어머니 마리아에게 형의 그런 태도와 말은 저주받은 이단의 교주들이나 하는 언행이라고 따져 묻기도 했었다. 마리아는 아들들의 그런 항의에 별다른 대꾸를 하지 않았다. 예수가 장성한 후 한 혼인 잔치에서 물로 포도주를 만드는 것을 보고, 또 예수 스스로 자신을 하나님의 아들이라 선포하며 사람들의 병을 고치고, 갈릴리 바다 위를 걸었다든가, 폭풍을 잠재웠다든가 하는 얘기를 들을 때마다, 아들들에게 자신이 겪었던 사건들을 얘기할 기회가 있었지만 그때도 혼자 가슴속에 간직한 채 때가 오기만을 기다렸다. 그리하여 아들들이 정신이 이상해진 예수를 잡으러 가야 한다며 억지로 끌고 갈 때도 할 수 없이 따라나서기는 했지만 예수가 성령으로 잉태되어 태어난 하나님의 아들임을 어찌 부인할 수 있겠는가?

예수가 모진 고통을 받고 십자가에 달려 죽어 가는 그 아래에서 마리아는 피투성이 아들을 바라보았다. 그 순간 그녀는 예수가 태어난 지 8일 만에 할례를 받으러 성전에 갔을 때를 떠올렸다. 그때 성전에 있던 나이 많은 선지자 시므온이 마리아를 보며 이렇게 말했다.

"보라, 이는 이스라엘 중 많은 사람을 패하거나 흥하게 하며 비방을 받는 표적이 되기 위하여 세움을 받았고 또 칼이 네 마음을 찌르듯 하리니 이는 여러 사람의 마음의 생각을 드러내려 함이니라."

예리한 칼날이 획~ 하고 그녀의 가슴을 찔렀다. 눈물조차 나오지 않는 극심한 슬픔 가운데서 그녀는 아들이 자신에게 하는 말을 들었다. "여자여! 보소서, 아들이니이다!" 그리고 요한을 향하여 "보라, 네 어머니라"라고 말했다. 그때부터 그녀는 요한의 집에 머물고 있었다.

야고보와 그의 다른 형제들이 예수님을 진정한 메시아로 인식하게 된 것은 예수님의 부활과 승천을 확실히 목격한 후부터였다. 그것은 인간의 힘으로는 절대로 일어날 수 없는 일들이었다. 예수가 행했던 여러 가지 기적만 본다면 그를 엘리야나 모세 같은 선지자로 볼 수는 있었다. 하지만 창세 이후 그 누구도 죽었다가 스스로 다시 살아난 선지자는 없었다. 그뿐인가. 예수님은 바로 자기들의 눈앞에서 하늘로 올라가셨다. 그 광경을 본 형제들은 그 자리에 주저앉아 가슴을 치며 눈물을 흘렸다.

그들은 이후 마가의 다락방에서 제자들과 함께 금식하며 기도하면서 처음으로 어머니 마리아로부터 형 예수에 대한 자세한 이야기를 들을 수 있었다. 그 자리에서 마리아는 긴 세월 동안 홀로 가슴에 묻어두었던 사건들을 낱낱이 털어놓았다. 그때까지 꽁꽁 가슴에만 품고 있었던 이야기, 그 누구에게도 말할 수 없었던, 심지어 가족들에게도 말할 수 없었던 이야기, 예수님이 죽음에서 부활하시고 승천하신 것을 확실히 본 이후에야 비로소 가슴을 열어 보이듯 풀어낼 수 있었던 이야기였다.

가브리엘 천사의 예언, 처녀로서 잉태하게 된 사건, 당황한 요셉의 고민, 말구유에 누였던 아기 예수, 들판의 목자들과 동방박사들, 시므온과 안나의 이야기, 이집트로의 도망, 헤롯이 잔혹하게 죽였던 베들레헴의 아기들 사건…. 베들레헴의 아기들이 영문도 모른 채 그렇게 잔혹한 죽임을 당한 이야기는 무슨 전설처럼 유대 사람들 사이에서 전해져 내려오고 있었다. 그리고 열두 살 어린 예수가 예루살렘 성전에서 내로라하는 바리새인들과 선생들 앞에서 성경을 해박하게 풀어 놓던 일, 도무지 혼자 감당하기 힘들었던 그런 모든 사건들….

마리아는 이 모든 진실을 한없는 슬픔과 아픔을 억누르며 천천히 털어놓았다. 그 자리에 있던 모든 사람들이 그녀의 진솔한 말을 깊은 침묵 속에서 들었다. 야고보와 유다도 형 예수가 자기들과는 전혀 다른 신성을 가진 분이라는 것을 그때야 처음으로 속 깊은 울림으로 들었다.

예수님의 형제 중 하나인 시몬이 원망 섞인 말을 쏟아놓았다. "어머니, 그런데 그런 얘기를 왜 이제야 하십니까? 진즉에 알았더라면 우리가 형님을 그렇게 취급하지 않았을 것 아니에요?" 그러자 마리아가 대답했다.

"얘들아, 나는 시므온 선지자에게서 '칼이 네 마음을 찌르듯 하리라'는 말씀을 들었다. 나는 평생 그 말씀을 가슴에 품고 살면서 혹시라도 내가 이 혀를 잘못 놀려 너의 형 예수나 우리 가족에게 그 어떤 고통스러운 일이 생기지 않을까 하는 두려움과 긴장 속에서 살았다. 그래서 입을 굳게 다물 수밖에 없었다. 이미 베들레헴의 아기들이 그렇게 처참하게 죽지 않았느냐. 또 어떤 슬픔이, 어쩌면 그보다 더 큰 고통이 우리와 다른 사람들에게까지 닥치지 않으리란 어떤 보장도 없었다. 그런데 조용히 목수 일만 하던 너희 형이 어느 날 갑자기 회당과 거리에서 하나님 말씀을 전하며 병자들을 고치기 시작할 때 '나는 올 것이 왔구나' 하고 생각했다. 순간순간이 두려움이었다. 그리고 우리 모두가 목도했듯이 너희 형은 결국 그 처참한 십자가 처형을 당하지 않았느냐. 바로 그 십자가 처형이 하나님이 너희 형 예수에게 주신 소명이었다. 시므온 선지자는 너희 형을 보시고 '내 눈이 주의 구원을 보았사오니 이는 만민 앞에 예비하신 것이요, 이방을 비추는 빛이요, 주의 백성 이스라엘의 영광이니이다'라고 말씀하셨다. 나는 너희 형이 세상에 나가 하나님의 일을 시작할 때, 그리고 이스라엘의 영광이신 하나님을 증거할 때 형에게 이미 죽음이 시작되었다고 생각했다. 그런데 난 너희 형이 고통스럽게 죽게 되리라는 말을 그 누구에게도 할 수가 없었다. 비록 가브리엘 천사가 태어날 아기 예수는 만민을 구원할 자라고 하셨지만, 난 그저 예수가 남들처럼 평범하게 살다가 평안히 죽기를 바랐다. 그것이 육신의 어미인 내가 예수에게 바라던 최고의 소원이었어. 너희들과 함께 예수를 잡으러 갔을 때도 난 하나님을 거스르고 있다는 것을 알았지만 육신의 정 때문에 너희와 함께 갔을 뿐, 난 결코 그를 잡아둘 수 없다는 것을 알고 있었다. 그러나 이 모든 아픔과 슬픔이 다 지나갔으니 이제는 너희들에게 숨길 것이 아무것도 없구나. 이제 예수는 나의 아들이거나 너희들의 형이기 전에 하나님께서 보내신 하나님의 아들이심이 분명히 나타나지 않았느냐. 난 너희가 육신의 형이 아닌 하나님의 아들 예수를 따라가기를 바란다. 하지만 그건 어디까지나 너희의 결단에 달린 것이다. 예수는 물론이고 너희조차 나의 아들이기 전에 하나님의 아들임을 내가 어찌 모르겠느냐?"

"아, 그런 엄청난 분을 우리가 어떻게 대우했던가…."
형제들은 가슴이 오그라드는 것 같은 부끄러움을 느꼈다. 어머니의 이 긴 말씀이 아니더라도 그들은 이미 예수님의 부활과 승천을 목격하면서부터, 아니 사실은 형이 수많은 이적을 행하며 "마음이 가난한 자는 복이 있나니" 같은 말씀을 가르칠 때부터 형에 대한 경외심으로 가득 차 있었다. 분명히 뭔가 자기들과는 달라도 한참 달랐었다. 이제 모든 것이 명확해졌다.
그들은 예수님의 승천 후 어머니 마리아와 함께 마가의 다락방에서 전심으로 기도하며 성령의 임재를 기다렸다. 오순절 날 하늘에서 성령이 임하자 그들도 방언이 터지고 성령의 충만함을 받고 완전히 거듭나게 되었다. 그들은 곧 베드로와 열한 사도들에게 인정받는 지도자들이 되었다. 그들이 예수님의 친형제라는 것 때문만은 아니었다. 그들은 인간에 대한 깊은 배려심과 함께 하나님께 대한 신실한 믿음을 가졌던 아버지 요셉과 어떤 고난이 닥쳐와도 말씀에 순종하는 어머니 마리아에게서 하나님을 경외하는 법과 말씀과 기도를 배우며 익혔다. 그리하여 거룩하고 헌신적인 성품을 가진 신실한 사람으로 자랐다. 이러한 그들의 인품과 지성은 순식간에 다른 사람들에게 영향을 미쳤다. 그리하여 사도들은 예수님의 형제인 야고보와 유다를 사도들과 같은 자리에 앉게 했을 뿐 아니라, 특히 야고보를 지도자로 받들었다. 마가의 다락방에서 120문도가 10일 동안 전심으로 기도할 때부터 그들과 사도들은 이미 마음이 하나가 되어 있었던 것이다. 그 후 야고보는 초대교회에서 "의로운 야고보"라는 별명으로 불릴 정도로 경건한 신앙의 모범을 보이는 사람이 되었다.

이런 야고보가 바나바를 따뜻하게 맞아주었다. 잠시 마음이 어지럽던 바나바는 곧 용기를 내어 야고보에게 자신이 계획한 일을 알려 주었다.

"야고보 감독님, 사실은…." 바나바는 잠시 머뭇거리다가 결심을 굳힌 듯 정색을 하고 말했다. "사울 형제가 지금 이곳에 와 있습니다." 모든 사람들이 깜짝 놀랐다. 특히 도마와 나다나엘, 마태 같은 극보수파들은 더욱 크게 놀랐다. "어떻게, 어떻게 그가 이곳에 왔습니까? 그리고 왜 왔지요?" 두려움까지 섞인 목소리로 그들이 바나바를 향해 물었다.

"제가 데리고 왔어요. 그를 여러분께 소개해 드리고 싶었습니다." 바나바는 좀 엄숙한 목소리로 그렇게 말했다.

"우리에게요? 왜요?"

성급하게 도마가 물었다. 베드로만큼이나 도마 역시 성급한 성격이었다. 바나바는 더욱 솔직해지고 명확해져야 함을 느꼈다.

"여러분, 여러분의 염려와 걱정을 저는 충분히 이해합니다. 그러나 잠시만 제 얘기를 들어주세요. 사울 형제가 다메섹 도상에서 우리 주님의 음성을 듣고 주님을 따르게 된 지 벌써 3년 반이 지났습니다. 여러분도 들으셨겠지만 그는 하늘에서 들려온 우리 주님의 음성과 빛을 받고 3일 동안 눈이 멀었습니다. 그 후 다메섹에 있는 우리 형제 아나니아에게 안수를 받고 다시 눈을 뜨게 되자 즉시 회당에서 우리 주 예수님이 그리스도라고 외치다 유대인들에게서 쫓겨났습니다. 그러나 그는 자기 고향으로 가지 않고 아라비아로 가서 거기서 3년 동안 기도와 묵상, 성경 공부에 몰두하며 예수님과 깊은 교제를 나누는 특별한 체험을 했습니다. 이제는 여러 사도님들께서 그를 용납하시고 우리의 동료로 영접해 주시길 간절히 부탁합니다. 사울 형제도 우리 주님으로부터 자신이 복음을 위해 준비된 그릇이라는 말씀을 들었습니다. 그래서 더욱 그는 아라비아 광야에서 자신의 옛사람과 씨름하며 그리스도께 복종하는 종이 되려는 노력을 쉬지 않았습니다."

말을 마친 바나바가 사도들을 바라보았다. 모두 심각한 표정을 짓고 있었다. 그들은 바나바를 믿고 존경하고 있는 터였다. 그리고 심혈을 기울여 사울을 변호하고 있는 바나바의 심경을 이해했다. 아마 사울은 많이 변했을 것이다. 그가 3년이란 세월 동안 자신을 쳐 하나님께 복종하려고 애를 썼을 거라는 데는 의심이 없다. 그럼에도 아직 선뜻 사울과 교제의 악수를 하고 싶지 않은 자신들의 좁은 마음을 스스로 자책하고 있는 게 역력했다. 바나바는 기대를 가지고 기다렸다. 무거운 침묵의 시간이 얼마 동안 흘렀다. 그때 예수님의 형제 야고보가 일어났다.

"바나바 형제여, 신실한 당신의 말, 우리 모두 잘 경청하였소. 당신의 모든 말이 진실됨을 우리 모두가 믿습니다. 그러나 우리 모두가 다 나서서 사울 형제를 만나기보다 지금 이 자리에는 없지만 베드로 사도와 저만 사울 형제를 만나보는 것이 어떻겠소? 우리 둘이 그를 만나는 것은 우리 모든 사도가 그를 영접하고 만나는 것과 같지 않겠소?"

바나바는 야고보의 이 말에 움츠러졌던 마음이 활짝 열렸다. 맞다. 역시 야고보 감독이었다. "고맙습니다. 감독님의 말씀에 저도 전적으로 동의합니다. 네, 그렇게 하십시오."

비로소 분위기가 풀리며 다른 사도들도 미소를 짓거나 머리를 끄덕였다. 누군가 "바나바 형제님, 식사는 하셨나요?" 하고 물었다. 바나바는 손사래를 치며 말했다. "아, 베드로 사도님이 오시면 함께 나가서 하겠습니다. 지금 사울 형제가 저 주막에서 저를 기다리고 있으니까요."

그렇게 말하고 있는데 베드로가 들어섰다. 그는 약간 상기된 얼굴이었다. 무언가 기쁜 일이 있었던 듯하다. 분명히 하나님의 역사가 있었음에 틀림없다. 방 안에 들어서던 그는 바나바를 보더니 반색하며 다가와 끌어안았다.

"바나바 형제님, 그동안 어디 갔었소? 말도 없이 사라져서 은근히 걱정했습니다."

"죄송합니다. 그동안 아라비아에 다녀왔습니다."

"아라비아에? 거기는 왜?"

바나바는 또다시 길게 설명하는 게 조금 부담이 되어 야고보를 쳐다보았다. 야고보는 약간 엇비슷이 앉아 바나바를 보고 있다가 베드로가 자기를 바라보자 곧 "아, 베드로 사도님, 우리 잠시 나갔다 올까요?" 하며 대화를 받아챘다. 바나바는 아찔한 순간마다 눈치를 채고 어색하지 않게 일을 처리하는 야고보에게 고마움을 표하기 위해 고개를 숙였다. 베드로는 야고보의 제의에 어리둥절하면서도 얼떨결에 "아, 네, 그럽시다" 하며 어느새 방금 들어온 방문을 밀치며 나가고 있었다. 정말 베드로 사도님의 빠른 행동은 알아드려야 해! 바나바의 머리에 이런 생각이 스치며 지나갔다. "그럼 여러 사도님들, 나중에 다시 인사드리겠습니다." 그는 이렇게 말하며 베드로의 뒤를 따라나섰다. 야고보도 그들을 따라 거리로 나왔다.

예루살렘 거리는 여전히 많은 사람들이 오가고 있었다. 지중해의 온화한 날씨 중에도 계절은 어김없이 바뀐다. 때는 봄이었다. 이제 얼마 안 있으면 유월절이다. 예루살렘 바깥 이방 땅에 살던 사람들이 예루살렘으로 몰려오기 전, 명절을 맞이할 준비로 도시는 서서히 부풀어 가고 있었다. 거리를 걸으며 베드로가 물었다.

"지금 우리가 어디로 가는 겁니까?"

"사실은 사울 형제를 만나러 갑니다." 야고보가 미소를 지으며 대답했다.

"네? 사울이라니, 누구를 말하는 거지요?"

"전에 우리를 박해하던 그 사울 말입니다. 다메섹으로 가던 중 우리 주님을 만나 변했다는 그 사람이요."

베드로가 바나바를 바라보았다.

"네, 그렇습니다. 저와 함께 왔어요. 지금 그 사람이 저기 있는 주막에서 우리를 기다리고 있어요."

바나바가 말했다.

"아⋯."

베드로는 뭔가 더 할 말이 있는 것 같았지만 더는 말하지 않고 생각에 잠긴 채 바나바와 야고보를 따라 걸어갔다. 잠시 후 그들은 '피난처'라고 쓴 간판이 달린 주막집 앞에 도달했다. 간판이래야 조그만 나무판자에 아람어로 삐뚤게 써서 대문 옆 문설주에 붙여놓은 것이다. 그들은 안으로 들어갔다. 대낮인데도 안은 어두컴컴해서 밖에서 들어온 그들은 얼른 사울을 찾지 못하고 있었다. 그런데 어느 틈에 사울이 그들 앞으로 달려 나와 인사를 했다.

"샬롬! 저는 사울이라고 합니다."

꾸벅 머리를 숙였으나 선뜻 베드로와 야고보를 포옹하지는 못했다. 사울은 자기를 만나러 온 이 사람들이 예루살렘 교회에서 기둥같이 여기는 사도들이라는 것을 알지 못했다. 또 바나바가 이와 같은 어른들을 모시고 오리라고도 생각하지 못했다.

"우선 안으로 들어갑시다."

바나바가 웃으며 일행을 안내했다. 그 주막집은 바나바가 주인과 친분이 있어 가끔 오던 곳이었다. 주막 안에 아직 사람들이 그리 많지 않아 다행이었다. 그들은 조용한 쪽으로 가서 자리를 잡고 앉았다. 모두 조금씩 시장했다. 이 집은 유대인이 주인이었기에 당연히 코셔로만 음식을 만든다. 그 당시 예루살렘에는 이방 사람들이 들어와 살며 주막이나 여관을 경영하는 경우도 있었다. 그 이방인들은 유대인의 식사 규례를 알고 있었기에 코셔 음식을 만들기도 했지만, 이방 사람들을 위해 코셔가 아닌 일반 음식을 만들어 팔기도 했다.

그들은 우선 몇 가지 음식을 시켰다. 두 사도는 날카로운 면모가 거의 사라진, 그러나 눈만은 형형히 빛나는 사울의 모습을 보고 속으로 심히 놀랐다. 이 사람이 그렇게 우리를 박해하던 그 사람이란 말인가? 그런 두 사람의 마음을 읽기라도 한 듯 바나바가 웃음을 지으며 서로를 소개해 주었다.

"이쪽은 사울 형제입니다. 그리고 이쪽에 계신 분이 예수님의 형제이신 야고보 감독님이시고, 이분이 베드로 사도님이십니다."

그들은 서로 인사를 나누었다. 자리를 잡고 앉자 베드로가 먼저 입을 열었다.

"형제님에 대한 이야기는 이미 들었습니다. 우리 구주 예수님을 만나셨다고요?"

"네, 전에 제가 우리 주님과 사도님들, 그리고 많은 분들께 너무 큰 고통을 드렸습니다. 주님께서도 '네가 왜 나를 박해하느냐'고 하시며 나무라셨습니다. 두 분을 만나 뵙고 보니 저의 지난날이 더욱 후회되고 부끄럽습니다. 너무도 어리석고 무지하여 저질렀던 일들입니다. 그런 저의 악행에 대해 두 분께 진심으로 사과드립니다. 부디 용서하여 주십시오."

사울은 진심 어린 마음으로 두 사람에게 용서를 구했다. 이 사람이 그 악명 높던 사울이란 말인가? 두 사도는 적잖이 놀랐지만 내색하지 않고 사울을 미소 띤 얼굴로 바라보았다. 잠시 후 야고보가 입을 열었다.

"우리 주님께서 이미 형제님을 용서하고 받아주셨는데 우리가 무슨 말을 하겠습니까? 우리는 형제님이 우리 주님을 순전한 마음으로 따르며 전도하고 있다는 소식을 들었어요. 당연히 형제님을 우리의 귀중한 동료요, 우리 주님의 제자로 영접해야 하지요. 그것이 우리 주님의 마음일 테니까요."

"감사합니다. 저를 받아주시겠다는 두 분의 사려 깊은 말씀, 깊이 마음에 새기겠습니다."

사울이 다시 한번 머리를 숙였다. 그때 마침 음식이 나왔다. 거칠게 빻은 밀로 만든 빵과 소스, 양고기로 만든 소시지, 유대 땅에서 나는 식물로 만든 샐러드, 포도 주스였다. 집에서라면 베개에 기대고 비스듬히 앉아 편히 식사를 하겠지만 주막집이니 로마식 테이블과 의자에서 먹어야 했다. 야고보가 기도를 하고 식사를 시작했다.

그들은 식사를 하며 사울에게 많은 질문을 했다. 사울의 변화와 지난 3년 동안의 삶에 대해 궁금했던 점이 많았다. 사울은 다메섹에서 빛 가운데 들려온 예수님의 음성을 듣고 눈이 멀게 된 후 지나온 모든 삶을 생생하게 간증하며 주님께 대한 뜨거운 충성심을 담아 이제 다시는 과거로 돌아갈 수 없다는 결심을 말했다. 두 사도는 사울이 아라비아에 살면서 마치 세례 요한처럼 주로 기도와 묵상, 성경 연구에 몰두하며 예수님의 그리스도 되심은 물론 율법과 은혜 그리고 복음의 진수를 깨닫고 탐구했다는 사실에 몹시 기뻐했다.

그들 또한 예수님에 대하여 많은 이야기를 했다. 야고보가 육신의 형인 예수님에 대해 이야기할 때, 베드로가 생전에 예수님이 행하셨던 일들과 말씀들을 전할 때, 그들의 얼굴은 행복으로 가득해 불그스레 빛나고 있었다. 사울은 그 모든 이야기를 마치 무엇에 홀린 듯 귀 기울여 들었다.

그들의 대화 가운데 예수님의 임재하심이 있었다. 세상 어디서도 느낄 수 없는 공통된 행복했던 경험이 서로의 가슴을 따뜻하게 했다. 그들은 마치 한 형제가 된 듯했다.

사울은 그리스도 안에서의 교제가 이토록 큰 기쁨을 줄 수 있다는 사실에 한없이 빠져들었다. 그동안 자신이 사귀던 사람들은 대부분 지체와 학문이 높았지만 그들과의 교제에서는 이렇게 따뜻함을 맛본 적이 없었다. 서로를 진심으로 아껴주고 배려해 주는 이 사람들이야말로 자기가 더욱 깊이 알아가고 깊은 교제를 해야 할 사람들이라고 생각했다. 베드로와 야고보도 사울에 대하여 소문으로

만 듣다가 정작 얼굴을 대면하여 보니, 그의 신앙과 그리스도를 사랑하는 헌신의 깊이가 자기들 못지않다는 것을 깨닫고 몹시 놀랐다.

이 세 사람은 모두 신약성경의 중요한 부분을 썼다. 바울의 로마서는 이신칭의(以信稱義)의 복음서요, 야고보서는 실천의 복음서이며, 베드로전후서는 소망의 복음서다. 사울이 며칠 후 만나게 되는 사도 요한은 사랑의 복음서를 썼다. 사울이 이때 예루살렘에서 열두 사도를 다 만나지는 못했지만 중요한 신약성경을 쓴 이 네 사람을 만났다는 것은 결코 우연이 아니며 하나님의 깊은 뜻이 있었기 때문일 것이다.

사울은 베드로와 예수님의 형제인 야고보를 통해 예수님에 대해 좀더 자세히 알게 되었다. 그는 이미 삼층천에 올라가 예수님을 만나 뵈었다. 그럼에도 베드로와 야고보의 이야기를 들으며 가슴이 또다시 뜨거워졌다. 예수님의 하나님 아들 되심과 그리스도 되심에 대해 이 사람들의 증거보다 더 확실한 증거가 또 어디 있을까?

대화를 마친 그들은 주막에서 나와 바나바가 예약해 놓은 여인숙을 향해 갔다. 예루살렘에는 유월절을 비롯해 여러 명절 때마다 하나님께 제사드리기 위해 이곳 성전으로 오는 이방 땅에 사는 유대인들로 인해 여인숙이 여러 군데 있었다. 바나바가 예약해 둔 곳은 주막에서 그리 멀지 않았다. 바나바가 여인숙 주인과 이야기를 나누는 동안 사울은 야고보와 베드로에게 감사 인사를 전했다.

"정말 두 분을 뵙게 되어 너무나 기쁩니다. 예루살렘에 있는 동안 꼭 두 분의 지도와 편달을 받고 싶습니다." 야고보 역시 반가움을 표하며 말했다. "우리도 형제님을 만나 정말 기쁩니다. 그런데 내일은 제가 어느 성도님께 가야 할 일이 있는데, 베드로 사도님께서는 내일 사울 형제님을 또 만날 수 있으시죠?" 다른 사도들의 마음을 알지 못했던 베드로는 "아, 내일 다른 사도들도 함께 만나면 좋겠네요" 하고 대답했다. 사울도 그러기를 바랐다.

그들은 가벼운 포옹으로 작별 인사를 했다. 그들은 떠났고 사울과 바나바만 남았다. 바나바도 이 여인숙에 묵을 예정이었다. 자신의 집은 구브로에 있었고, 이 여인숙은 바나바가 예루살렘에 올 때마다 묵는 곳으로 주인 역시 바나바의 후덕한 인품과 전도로 예수님의 제자가 된 지 오랜 사람이었다.

사울은 다른 사도들과도 좋은 교제를 할 것을 생각하니 마음이 설레었다. 이제 나도 교회의 일원이 되었구나! 야고보와 베드로의 인정을 받았으니 다른 사도들도 나를 환영해 줄 것이다. 그날 그들은 오랜 여행 끝이라 일찍 잠자리에 들어 깊은 숙면에 빠져들었다.

다음 날 새벽에 기도와 찬미로 하나님께 예배를 드린 후 여인숙에서 차려준 간단한 식사를 끝내고 사도들을 기다리고 있는데 베드로가 왔다. 그런데 베드로의 표정이 그리 밝지 않았다. 영적으로 민감한 사울이 무엇인가 눈치를 챘다. 뭔가 잘 안 됐다는 신호인 것 같았다. 베드로가 입을 열었다.

"야고보 감독님은 내일 오실 겁니다. 그런데…사도님들 간에 서로 다른 의견이 있어서 그 의견을 조율하느라 이렇게 늦었어요. 그게…"

베드로가 잠시 말을 끊었다가 다시 이었다.

"모두가 사울 형제님을 환영할 줄 알았는데 아직 마음이 안 열리는 분들이 있는 것 같아요. 그래서 다 같이 오지 못했습니다."

베드로가 힘겹게 말을 끝냈다. 성격이 급하긴 하지만 마음이 모질지 못한 베드로다. 사울은 고개를 숙이고 가만히 있었다. 바나바가 입을 열었다.

"아, 그렇군요. 사도님들의 마음을 이해하긴 하지만…좀 섭섭하네요." 바나바답지 않게 그가 베드로를 향해 볼멘소리를 냈다.

"나도 압니다. 그런데 요즈음 우리를 향한 박해가 더 거세지고 있어서 사도님들의 마음이 여러모로 힘든 부분이 있는 것 같아요."

사울에게는 뼈아픈 말이 아닐 수 없었다. 한때 박해에 앞장섰던 그다. 예수 그리스도께서는 이미 다 용서해 주셨다. 하지만 제자들은 예수님이 아니다. 사울에 대한 두려움도 있을 것이다. 사울이 거듭났다고는 하지만 대면하여 보지 않았기에 정말로 어떤 사람인지 의문이 있었을 것이다. 사울의 마음이 위축되었다. 그러나 그는 손을 내밀어 베드로에게 친밀함을 나타내며 말했다.

"베드로 사도님, 조금도 염려하지 마세요. 저는 베드로 사도님과 야고보 감독님을 만나 뵙고 사랑의 교제를 나눈 것만으로도 진심으로 감사하며 큰 영광으로 여기고 있습니다."

이때 사울은 말은 이렇게 했지만 깊이 깨달아지는 무언가가 있었다. 사도들은 그래도 자기보다 훨씬 더 의롭고 사랑이 많을 거라고 생각했다. 그러나 그들도 마음속에 두려움과 의심을 품고 있는 똑같은 사람일 뿐이었다. 하긴 모든 사람이 다른 사람들을 이해하고 용납할 수 있는 것은 아니다. 각자의 그릇의 크기도 있지만 자신의 죄의 근원에서 자유롭지 못하기 때문이다. 한편으로는 섭섭한 마음을 온유함으로 다스리려고 노력했다. 그럼에도 마음 한쪽에서 실망이 느껴지는 것은 어쩔 수 없었다. 모두가 예전의 사울이 예수를 영접했다는 것만으로도 기뻐하고 자랑스러워할 줄 알았다. 아나니아나 바나바처럼…. 그들은 자기를 향해 천군만마를 얻은 것 같다며 격려하고 교회에 큰 일꾼이 들어왔다고 든든히 여기지 않았던가. 그런데 사도들은 자신을 경계하고 있다고 생각하니 섭섭한 건 사실이었다.

그러기에 베드로가 자기를 위해 걸음을 해준 것이 더욱 고마웠다. 그는 베드로 사도를 향해 꾸벅 인사를 했다.

"고맙습니다. 감사합니다."

"자, 우리 이러고 있지 말고 성전에 올라가 하나님께 기도합시다. 주님께서 어떤 말씀을 우리 사울 형제님께 해주실지 기대가 됩니다." 베드로가 두 팔을 벌리며 웃었다.

그들은 성전에 올라갔다. 성전이 가까워지자 사울은 새삼스러운 감회에 마음이 설레었다. 이 성전이 나에게 얼마나 익숙한 장소였나. 나는 이 성전에서 율법의 대학자들로부터 배우며 다른 한편으론 바리새인으로, 학자로 율법을 가르치기도 했다. 그런데 나는 십수 년간 자신도 지키지 못하던 율법을 다른 사람들더러 지키라고, 왜 지키지 않느냐고 비난하며 정죄했다. 예수님께서 그러셨다지. 자기도 천국에 들어가지 못할 뿐 아니라 다른 사람까지 들어가지 못하게 하는 자들이 바리새인이라고….

사람 좋은 바나바는 오랜만에 오는 성전이 너무 좋았는지 계속 싱글벙글했다. 베드로가 다른 사도들이 사울을 아직 영접할 마음이 없다는 뉘앙스로 말했을 때는 울컥하고 섭섭한 마음을 토로했으나, 다행히 사울이 그런 어색한 자리를 잘 무마해 준 것이 고마웠다. 역시 사울을 데려오길 잘했다. 베드로 사도와 야고보 감독을 만나고 교제하는 것만으로도 사울을 데려온 것은 의미가 있다고 생각했다.

세 사람은 여인들의 뜰을 지나 이스라엘의 뜰로 나왔다. 그곳은 번제단이 있는 곳이다. 번제단 위에서는 아침부터 제물이 타고 있었다. 제사장들과 제물을 가지고 온 사람들이 섞여 있고 제물이 될 양과 염소들도 자신들이 불에 태워질 것을 아는지 슬픈 울음소리를 내고 있었다. 양은 조용히, 염소는 음매 하며. 그곳은 모든 사람이 유월절에 한꺼번에 제사드리기에는 시간과 장소가 부족하기에 미리 제사를 드리려는 사람들로 넘쳐났다.

세 사람은 그런 풍경이 익숙했기에 조용히 기도실을 찾아 들어갔다. 사울은 만감이 교차하는 것을 느꼈다. 그는 지난 3년 동안 성전과 멀리 떨어진 곳에서 오직 예수님과만 깊은 교제를 나누었다. 그러면서 예수님이 바로 화목제물로 이 땅에 오신 하나님의 아들이요 그리스도라는 사실을 발견하고 온몸을 떨며 울었었다.

"그가 곤욕을 당하여 괴로울 때에도 그의 입을 열지 아니하였음이여 마치 도수장으로 끌려가는 어린 양과 털 깎는 자 앞에서 잠잠한 양 같이 그의 입을 열지 아니하였도다"(사 53:7).

말씀이 이렇게 분명한데도 나는 오직 양과 염소와 송아지를 바쳐야만 나의 죄가 사해지는 줄 알고 그렇게 가르쳤다. 하지만 이제는 안다. 하나님이신 예수가 사람이 되어 화목제물이 되어 스스로 죽음을 택하고 십자가를 향해 뚜벅뚜벅 걸어가셨다는 것을.

"그는 근본 하나님의 본체시나 하나님과 동등됨을 취할 것으로 여기지 아니하시고 오히려 자기를 비워 종의 형체를 가지사 사람들과 같

이 되셨고 사람의 모양으로 나타나사 자기를 낮추시고 죽기까지 복
종하셨으니 곧 십자가에 죽으심이라"(빌 2:6-8).

기도 시간에 사울은 다시 한번 예수님의 그 큰 사랑에 감격하여 눈물을 흘렸다. 광야에서 그렇게도 많은 눈물을 흘렸건만 아무리 울고 울어도 머릿속에 눈물샘이 있는 것인지 눈물이 끝이 없었다.

베드로도 꿇어앉아 눈물을 뚝뚝 흘리며 기도하는 사울의 모습에 깊은 인상을 받았다. 정말 참으로 변화된 사람이다! 사울을 만나기 전에 베드로는 사울이 비록 변화되었다고는 하지만 그도 자기의 설교를 한 번 들은 후 회개하고 세례를 받았던 저 3천 명의 군중과 별로 다르지 않은 사람일 거라고 생각했다. 그 군중 중에는 진실로 변화된 사람이 대부분이었지만, 그저 호기심에 끌려 왔다 갔다 하는 아나니아와 삽비라 같은 사람도 있었다. 그러기에 사울에 대한 기대도 별로 없었다. 다메섹에서 떠난 후 지난 3년 동안 그가 어디서 뭘 했는지도 모른다. 그가 예전에 그리도 똑똑하고 잘난 바리새인으로 자처하며 우리 성도들을 무수히 잡아 감옥에 처넣었을 뿐 아니라 스데반 집사를 죽이는 데 주도적인 역할을 한 잔인한 사람이라는 것이 뇌리에 크게 자리 잡고 있었기 때문이다.

그러나 어제와 오늘, 사울의 모든 태도와 기도 모습, 그의 진지한 말과 형형히 빛나는 눈동자를 보며 베드로는 마음이 크게 흔들리는 것을 느꼈다. 아, 주님이 하시는 일은 얼마나 놀라우신가. 사람을 저렇게 변화시키시다니…. 그의 눈가가 촉촉이 눈물에 젖었다.

바나바는 기쁨과 감격이 교차하는 마음으로 사울이 눈물을 흘리며 기도하는 모습을 바라보았다. 그는 일찍이 사울이 얼마나 큰 그

릇이 될 것인지를 알아보고 그를 찾아 아나니아에게 갔었고, 이번에도 그를 여기까지 데려와 베드로와 야고보를 만나게 해주었다. 그러했기에 사울이 눈물을 펑펑 쏟으며 기도하는 것을 보니 저절로 마음이 울컥했다. 주여, 감사합니다. 이 작은 자를 들어 화목의 도구로 사용해 주시니 고맙습니다.

제 육 시(12시) 기도 시간 내내 기도한 후 사울이 자신의 계획을 말했다.

"저의 누님 가족이 예루살렘에 사시는데, 누님을 만나 복음을 전해야겠습니다. 이 성전에서 그리 멀지 않은 곳에 살아요."

바나바는 사울과 예루살렘으로 오는 도중에 이런 사울의 계획을 들었기에 잠시 헤어지기로 하고, 베드로도 다락방으로 돌아갔다. 바나바 역시 예루살렘에 친지들이 여럿 살고 있고 다른 해야 할 일들이 많았다.

성전에서 내려온 그들은 다음날 제 육 시 기도 시간에 미문 그 자리에서 다시 만나기로 하고 헤어졌다.

사울은 곧장 미리암 누나가 사는 곳을 찾아갔다. 누나의 남편인 시몬 역시 장막을 만드는 사람이었다. 그 부부에게는 세 아들과 딸 하나가 있었다. 맏이인 다니엘이 열세 살이었다. 이 아이는 가족 중에서 사울을 가장 잘 따랐고 좋아했다. 자신도 앞으로 삼촌처럼 바리새파 학자가 되겠다는 포부를 가지고 회당에서 열심히 공부하고 있었다. 사울도 그런 조카를 무척 귀여워해 주었다. 그는 누나보다 조카가 더 보고 싶어 발걸음을 재촉했다.

이 조카가 후에 예루살렘 감옥에 갇혀 있던 바울을 죽음에서 건

져낸 사람이다. 바울이 감옥에 갇히자 유대인 40여 명이 당을 지어 '바울을 죽이기 전에는 아무것도 먹지 않겠다'고 맹세하고 매복하고 있었다. 사울의 조카인 다니엘이 이 음모를 알게 되었다. 삼촌을 사랑했던 다니엘이 이 사실을 천부장에게 알렸다. 다니엘의 말을 들은 천부장은 그날 밤에 보병 200명과 기병 70명, 창병 200명으로 바울을 호송하여 가이사랴로 보냈다. 이렇게 하여 바울은 왕들과 고관들에게 복음을 전할 수 있었고, 로마까지 가서 성도들에게 말씀을 가르칠 수 있었다.

　누나의 집은 예루살렘 성전에서 내려와 마을이 시작되는 길목에 있었다. 그는 오랜만에 가족을 만난다는 사실에 가슴이 뛰었다. 사울을 보자 누나는 눈물을 글썽이며 동생의 손을 꼭 잡았다. 다니엘과 둘째 베냐민은 학교에 가고 없었고 열 살, 여덟 살 된 아이들만 집에 있었다. 당시 보통의 아이들은 집에서 부모를 도와 일을 하거나 다른 집의 농사일, 또는 바다에 가서 고기 잡는 일을 배웠다. 그러나 문명화된 다소에서 자란 사울의 누나와 그의 남편은 자식들에게 가업을 가르치는 한편 회당에 보내 율법과 탈무드를 배우게 했다.

　사울은 자신이 다메섹 근방에 있는 아라비아 사막에서 오는 길이라는 것과 예루살렘에는 만나야 할 사람들이 있어서 온 것이며, 그 사람들을 만난 후엔 다시 아라비아로 떠날 것이라고 말해 주었다. 그의 말과 태도는 바로 어제 헤어졌다 만난 것처럼 너무도 자연스러웠다. 누나는 동생의 그런 자연스러운 태도에 뭔지 모를 안도감을 느꼈다. 그러나 그의 외적인 모습은 예전의 그가 아니었다. 까다로운 성격의 사울은 옷차림도 언제나 신경을 써서 깔끔하였고, 바리새인들이 입는 긴 옷의 술도 꼼꼼히 손을 본 후에야 입곤 했는데,

지금 그의 모습은 언제 빨았는지 모를 허름한 베옷에 얼굴도 많이 상해 있었다. 그럼에도 눈은 형형히 빛나고 있었고 미소가 가시지 않았다. 어딘가 변해도 정말 많이 변한 모습이 마음 아프기도 했지만 한편으론 호기심도 생겼다.

미리암은 사울에 대한 이상한 소문과 사울의 아내 집에서 동생을 내친 것에 대한 얘기를 하고 싶었지만, 우선 사울에게 어서 몸을 씻고 옷을 갈아입으라고 말하곤 자기 남편의 새 옷을 내어놓았다. 사울이 몸을 씻고 나오자 미리암이 그를 식탁에 앉게 하고 계수나무 잎사귀를 달여 만든 차와 말린 무화과를 권했다.

"다메섹 아라비아엔 왜 갔어? 거기서 어떻게 살았니? 무슨 일을 했어?"

"누님, 난 장막을 만드는 사람이잖아요. 천막을 만들어 팔았어요. 생활은 할 수 있었어요."

"그래, 하지만 넌 원래 바리새인이고 율법학자였잖아."

"하지만 지금은 아니에요. 지금은…예수님의 종이에요."

사울은 잠시 생각하다 아예 정공법으로 나가기로 했다. 그게 전도하는 데 더 빠른 길이었기 때문이다.

"응? 뭐, 누구의 종?"

"예수님의 종이요!"

"아니, 뭐, 그 뭐라더라, 사람들에게 자기가 하나님의 아들이라고 허황된 말을 지껄이다가 십자가형을 받고 죽은 사람의 종이라고?"

"네, 바로 그분의 종이에요!"

미리암은 너무 놀라 가슴이 꽉 막힐 지경이었다. 그 좋은 자리, 명예롭고 영광스러운 바리새인이라는 자리를 박차고 나와 스스로 사형수의 종이라고 저렇게 당당히 말하다니… 사울의 아내 집안에서 동생을 내쳤던 이유를 듣긴 했으나 그래도 설마 했었다. 도저히 믿을 수 없었는데 자기 스스로 이렇게 당당하게 말하다니… 지금 제정신인가. 하지만 사울은 온 가족이 인정하는 사람이다. 누구보다 특출한 하나님을 향한 열심에, 모세오경은 물론 시편, 잠언, 전도서와 선지서까지 줄줄 외우는 사울이다. 바리새인들은 다 그렇게 성경을 외우지만, 그중에서도 동생 사울은 가장 기대를 많이 받던 바리새인이자 뛰어난 학자가 아니었던가. 뭔가가 있다. 사울이 미쳤든, 아니면 예수라는 그 사람에게 내가 모르는 무언가가 있든….

하긴 우리 친척 중에 안드로니고와 유니아도 예수를 따라다닌다는 얘기를 들었다. 지난 유월절 제사를 지내기 위해 예루살렘에 오셨다가 미리암 집에 들르셨던 아버지로부터 그 얘기를 듣고 정신 나간 사람들이라고 가족들이 한바탕 비난을 퍼부었다. 그 친척들은 예수라는 사람이 살아있을 때부터 일과 가정을 떠나 그 나사렛파를 좇았다고 했다.

그녀는 더 이상 사울에게 다른 질문이나 책망을 하지 않기로 했다. 그저 동생을 위해 할 수 있는 일만 하기로 했다. 그런데 그런 누나의 마음을 눈치라도 챘는지 사울이 먼저 입을 뗐다.

"누님, 제가 이상해 보이죠?"

"아니, 뭐 이상한 건 아니고…. 너도 뭔가 이유가 있어서 그러는 거 아니겠니?"

"아, 역시 우리 누님 최고야! 누님, 제가 말이에요, 그 예수의 제자들을 잡으러 다메섹으로 갔잖아요? 아시다시피 저는 거기 가기 전에도 그 무리를 잡으러 다녔고, 심지어 스데반이란 청년을 죽이도록 사람들을 선동하기도 했어요. 예루살렘에서 그 당의 지도자라는 자들을 거의 다 잡아 감옥에 넣은 후 저는 다메섹까지 그들을 잡으러 갔지요. 그런데 다메섹에 거의 다 갔을 때였어요. 대낮이었는데 갑자기 하늘에서 햇빛보다 더 밝은 빛이 나를 향해 비추더니 '사울아, 사울아, 어찌하여 나를 박해하느냐?' 하는 소리가 들리는 거예요. 그 강렬한 빛에 제가 그만 말에서 떨어져 땅바닥에 엎어졌는데 그 소리에 '주여, 누구십니까?' 하고 물었어요. 그러자 그분이 '나는 네가 박해하는 예수다. 일어나 시내로 들어가라. 네가 행할 것을 네게 이를 자가 있느니라'라고 하셨어요. 그리고 일어나 눈을 떴는데 아무것도 보이지 않는 거예요. 맹인이 되어버린 거지요. 그래서 사람들이 제 손을 잡고 다메섹으로 들어갔어요."

사울은 그 후 자신이 겪었던 모든 일을 누나에게 세세히 말해 주었다. 특히 그리스도가 고난을 받고 죽게 된다는 성경을 읽고 예수가 하나님의 아들이심을 확신했다는 것을 숨 돌릴 틈도 없이 쏟아냈다. 미리암은 사랑하는 동생이 겪었던 그 모든 일이 믿기지 않았지만, 동생이 그렇게 변한 것과 그의 진지한 태도와 말을 부인할 수도 없었다. 분명히 동생은 엄청난 경험을 했고, 그것이 그를 완전히 딴 사람으로 만든 것이라고 생각했다. 그녀는 동생의 말에 반박할 수도 없었고, 그렇다고 그 예수라는 사람을 인정할 수도 없었다. 다만 사울의 이런 변화가 다소에 계시는 아버지와 남편에게 어떤 커다란 손실을 가져오지 않을까 하는 염려만이 가슴 가득 차올랐다. 자기 장인이 자기를 그의 딸과 이혼시키고 집에서 내쳤다는 소문이 예루살렘에 파다하게 퍼진 사실을 동생이 알고 있을까? 앞으로 사울의 삶은 어떻게 되는 걸까? 그의 삶이 평탄치 않게 되리라는 것은 불을 보듯 뻔하다.

　미리암은 쓰라린 마음을 안은 채 동생을 위해 음식을 차렸다. 사울은 누나가 내준 방으로 들어가 꿇어앉아 기도하기 시작했다. 이 가정을 위해, 누나 부부와 조카들의 구원을 위해, 그리고 자신이 만났던 야고보 장로와 베드로 사도, 그 외 다른 사도들과의 교제가 예수 그리스도 안에서 아름다운 열매를 맺게 해달라고 기도했다. 온 정성을 기울인 그의 기도는 절실했다.

　얼마나 오래 기도했는지 문득 밖에서 조카의 소리가 들렸다. 그는 자리에서 일어나 밖으로 나왔다. 큰조카 다니엘이 와 있었다. 다니엘은 회당에서 공부한 후 아버지의 공장에 가서 일을 배우다 집으로 돌아왔다. 다니엘은 뜻밖에 보게 된 삼촌이 너무 반가워 눈물까지 흘렸다. 그 눈물엔 삼촌에 관해 떠도는 이상한 소문에 대한 안타까움도 들어 있었다. 같은 학교 친구가 그에게 말해 주었다. 예수의 이야기는 회당에서도 유명했다. 비록 아직 어리지만 그들도 어렴풋이나마 예수는 나쁜 사람이고, 그를 좇는 사람들도 미쳤다는 것쯤은 알고 있었다. 그런데 사울 삼촌이 그런 사람들처럼 되었다는 것이다. 다니엘은 처음 그 소문을 듣고 어머니에게 물었다. 삼촌이 이상하게 된 게 아닌가 하고. 어머니는 펄쩍 뛰며 뭔가 잘못된 소문일 거라고 했다. 그런데 소문이 돈 후 갑자기 삼촌이 사라져 버렸다. 전에는 그렇게도 집에 자주 와서 하나님과 성경, 그중에서도 모세오경과 시편을 즐겁게 가르쳐주던 그 좋은 삼촌이 오랫동안 소식이 없었다. 다니엘은 안타까웠다. 제발 소문이 사실이 아니길 간절히 빌었다. 삼촌 사울이 멀쩡하게 예전처럼 나타나 모두를 깜짝 놀라게 해 주기만을 고대하고 있었다.
그런데 오랫동안 아무 소식이 없던 사울 삼촌이 찾아온 것이다.
"삼촌! 삼촌!"
다니엘이 삼촌을 껴안았다. 사울도 조카를 끌어안으며 말했다.
"그래, 그새 많이 컸구나. 지금 몇 살이지?"
"열세 살이에요. 저도 삼촌처럼 가말리엘 문하에 들어가려고 열심히 공부하고 있어요."
사울은 조카가 대견스러우면서도 어떻게든 이 아이를 전도하여 예수의 제자로 만들어야겠다고 생각했다.
"와, 대견하다. 그래, 공부는 잘하겠지?"
"음…잘하지는 못하는데 성경과 탈무드가 무척 재미있어요."
"오, 그래! 훌륭한 바리새인이 되겠구나!"
"네, 그러고 싶어요."
다니엘이 자랑스레 대답하며 한마디를 덧붙였다.
"저도 삼촌처럼 훌륭한 바리새인이 되고 싶어요."
"그래, 넌 훌륭한 바리새인이 될 수 있을 거야. 그런데 말이다…."
사울은 잠시 뜸을 들이다 말을 이었다.
"바리새인이 된 후엔 뭐 할 거야? 산헤드린 의원이 되려고 하니?"
"음…제가 감히 산헤드린 의원까지 될 수 있겠어요? 될 수 있으면 좋겠지만요."
다니엘이 해맑게 웃었다. 해맑은 그의 미소가 너무나 사랑스러웠다. '아, 이 아이가 예수님의 제자가 된다면 얼마나 주님께서 기뻐하실까?' 사울의 가슴이 뭉클하며 뛰었다.

"그래, 그런데 산헤드린 의원이 되든 안 되든 그건 너의 인생에서 궁극적으로는 그리 중요한 것이 아니란다. 정말 중요한 것은 네가 죽을 때까지, 아니 죽은 후에 천국에 가서까지 너의 가슴을 뛰게 하고 생명력 있게 살게 해주는 그분을 만나는 거야."

"…그분이 누군데요?"

"그분은…그분은 예수님이란다."

다니엘이 멀뚱히 사울을 쳐다보았다. '그 이상한 소문이 맞구나. 삼촌이 정말 미친 것일까?' 다니엘은 정신을 똑바로 차리고 삼촌을 바라봤다. 삼촌의 모습이 이상해 보였다. 하지만 그 이상함은 뭔가 이전보다 좋은 쪽으로 변했다는 의미였다. 예전보다 훨씬 마르고 노동을 하는 사람처럼 거칠어 보였지만, 어딘지 모르게 빛을 품은 사람처럼 전체적으로 환했다. 그 빛은 찌르는 빛이 아니라 부드럽고 따뜻한 빛이다.

사울은 조금 전 누나에게 말했던 것과 똑같이 자신이 겪었던 사건을 소년 조카가 알아들을 수 있게 설명했다. 다니엘은 너무나 충격적인 이야기에 넋을 놓고 삼촌의 이야기에 빠져들었다. 사실 그는 바리새인 선생님들에게서 예수가 바리새인들을 무시하고 사람들 앞에서 모욕을 주었으며, 스스로 하나님의 아들이라며 하나님을 능욕했던 사건을 들으며 분개했었다. 더욱이 사울 삼촌이 그 사람을 따르는 자들을 남김없이 잡아들여 벌을 주겠다고 했을 때, 자기도 따라가겠다고 떼를 쓰기도 했다. 하지만 삼촌이 훌륭한 바리새인이 되려면 공부가 먼저라며 말렸었다.

'그때 따라갔으면 삼촌한테 일어났던 모든 것을 직접 볼 수 있었을 텐데…' 다니엘은 사울 삼촌의 말을 들으며 아쉬운 마음이 들었다. 사울 삼촌의 이야기에는 자기나 다른 바리새인들이 결코 경험하지 못한 신기하고 놀라운 장면들이 있었다. 길을 가는데 하늘에서 해보다 더 밝은 빛이 비쳤다던가, 그 빛 속에서 예수의 음성을 들었다던가 하는 것, 또 갑자기 눈이 멀게 되었다가 다시 보게 되었다던가, 광야에서 기도 중에 예수님을 만났다던가 하는 일들…. 삼촌을 철석같이 믿고 있는 다니엘이다. 그 삼촌의 말들은 절대 거짓이라고 할 수 없었다. 다니엘은 어느새 삼촌의 말에 깊이 빠져들었다. '삼촌이 경험했던 일을 나도 경험해 보고 싶다!'

역시 어린 영혼들은 다른 계산 없이 쉽게 폭풍 같은 열정을 향해 달음질한다. 사울과 다니엘은 이야기에 몰두해 있다가 미리암이 재차 부르는 소리에 정신을 차렸다. 어느덧 저녁 식사 시간이었다. 가족 모두 집으로 돌아와 있었다. 사울은 자형을 비롯해 다른 어린 조카들과 가벼운 포옹으로 인사를 했다. 그러면서 '주여, 이곳에 있는 동안 이 가족 모두에게 복음을 전하도록 도와주소서!' 하고 간절한 마음으로 기도하며 식탁에 앉았다.

가족 중에 가장 어색해하는 사람은 자형 시몬이었다. 전에는 사울이 비록 자기보다 나이가 적었지만 존경하고 좋아했다. 그런데 예수 무리를 잡으러 다메섹에 간다고 떠나더니 그 후부터 이상한 소문이 돌았고 결국 처가에서 이혼당하고 쫓겨났다는 것이다. 오랜만에 보는 처남 사울은 비쩍 마른 몸에 눈만이 형형히 빛나고 뭔가 예전과는 아주 다른 모습이었다. 고생한 흔적이 역력했다. 어디서 뭘 하다 왔을까? 그 소문대로라면 우리 집에 있어서도 안 되는데…. 그는 걱정스러운 마음에 처남에게 뭐라고 충고라도 하고 싶었지만 마음

대로 할 수 없는 것이 답답할 뿐이었다. 잠자코 식사를 하는 중에도 시몬의 머릿속은 복잡했다.

그 예수란 자가 그냥 선지자도 아니고 그리스도라고? 그렇다면 100세에 아들을 낳은 우리 조상 아브라함이나 홍해를 가른 모세, 하늘에서 불이 내려오게 한 엘리야, 죽은 아이를 살려낸 엘리사, 또는 다른 여러 선지자들보다 자기가 더 위대하다는 건가? 하긴 자기가 아브라함보다 먼저 있었다고 하더군. 그래…. 그런데 다른 사람도 아닌 처남이 거기에 미치다니 기가 막히는군. 지금은 가족 중에 한 사람이라도 나사렛파 사람이 있다고 하면 커다란 위험을 감수해야 하는 때인데…. 아아, 앞으로 나의 사업은 어떻게 되나? 무엇보다 어린 시절부터 학교와 회당에서 율법을 배우며 가말리엘 문하에서 공부하려고 하는 다니엘의 앞날은 어떻게 될 것인가? 다니엘에게 단단히 일러두어야겠다. 절대로 사울 삼촌의 말을 곧이곧대로 들어선 안 된다고.

그는 마음을 단단히 다잡기 위해 깊이 숨을 쉬었다. 사울을 바라보는 그의 눈길이 꼿꼿해졌다. 사울이 자기 가족 중 누구 하나에게라도 예수를 전한다면 가만있지 않겠다는 결심을 단단히 했다. 가족을 전도하겠다는 사울의 결심과 사울의 전도를 절대로 용납하지 않겠다는 시몬의 결심 사이에 불꽃이 튀는 것 같았다. 그러나 겉으로는 두 사람 모두 그저 태연히 미소만 짓고 있었다.

다행히 식탁은 금세 화기애애해졌다. 시몬도 사울도 즐거워했고, 특히 사울의 누나인 미리암이 즐거워했다. 오랜만에 보게 된 동생 사울이 비록 행색은 초라하고 또 예수라는 사람을 좇겠다는 말을 하기는 했지만 그래도 핏줄임은 어쩔 수 없었다. 사울이 자리에 앉고 보니 식탁이 그득했다. 아직 유월절이 시작되지 않아서 무교병 떡은 없었고 모든 음식이 훌륭했다. 양고기를 갖은 양념을 해서 구워 내었고 유교병 빵과 샐러드 등 야채와 과일도 있었다. 하녀와 함께 정성스레 준비한 누나의 마음이 느껴져 사울은 오랜만에 가족의 따뜻한 품 속에 있는 느낌을 받았다. 철저한 탐색과 연구로 지식을 쌓고 매사에 정확한 사람이지만 사울의 본성은 따뜻했다. 가족애와 인간애가 그의 영혼에 따스한 샘처럼 흐르고 있었다.

"자형, 이렇게 가족들과 함께 식사하니 정말 집에 돌아온 느낌이에요."

"오, 그래. 많이 먹게." 시몬이 말했다.

"그래, 우리도 네가 돌아오니 참 기뻐. 애들아, 삼촌 보니까 좋지?"

미리암이 아이들의 동의를 구했다.

"네! 너무 좋아요."

조카들이 한목소리로 대답했다. 아이들의 얼굴이 모두 환했다.

"그런데 그동안 삼촌은 어디 있었어요?"

열한 살짜리 둘째 조카 베냐민이 물었다.

"응, 삼촌은 말이지, 아라비아라는 곳에 있었어."

"거기가 어디예요? 거기 멀어요? 오래 걸려요? 그런데 왜요? 왜 거기 갔었어요?"

전형적인 어린아이의 단순함으로 베냐민이 계속 질문했다.

"응, 거기서 기도하고 성경을 읽었지."

"아, 그랬구나!"

아이는 더는 물어보지 않고 자기 앞에 놓인 고기 한 점을 입으로 밀어 넣었다.

미리암은 마음이 조마조마했다. 사울이 또 그 예수를 들먹일까 봐. 그런데 식사 시간이어서인지 사울은 그저 편안한 모습으로 식사만 했다. 가끔 자형의 사업 얘기도 물어보고 아이들과 가벼운 장난을 하면서. 식사가 끝나고 하녀가 음식상을 치운 후, 잠시 쉬고 있을 때였다. 미리암도 아이들의 잠을 재우러 방으로 들어간 시간이었다.

"자형! 다메섹에 갔던 제가 그곳에서 애초에 하려던 일을 하지 못하고 주저앉았다는 소식 들으셨지요?"

사울이 편안한 자세로 앉아있는 자형에게 질문했다.

"응? 어…어…무슨 이상한 소리를 듣긴 했는데…. 설마 모두 헛소문일 거라고 생각해서…."

"아, 자형도 들으셨군요. 어디까지 들으셨는지 모르겠지만 아마 그 소문 거의 전부가 사실일 겁니다."

"응? 뭐, 내가 들은 소문이 사실일 거라고? 내가 어떤 소문을 들었는지 알고 하는 얘기야?" 시몬이 화가 난 어투로 대답했다.

"네, 제가 나사렛파 무리와 한 패가 되었다는 소문 아닌가요?"

사울이 웃으며 장난처럼 말했다.

"그…그러면 그게 사실이라고? 설마 그건 헛소문일 테지?"

"자형, 저는 그들이 추종하는 예수가 메시아라는 사실을 알게 되었어요."

"그러면 자네는…자네가…." 시몬이 말을 잇지 못했다.

"자형, 너무 놀라지 마세요. 저 같은 사람이 예수가 메시아라는 사실을 알게 되었다면 그렇게 되기까지 어떤 특별한 사건이 있었을지 한번 생각해 보셨나요? 그냥 아무 생각 없이 그런 믿음을 갖게 된 게 아닐 거라는 것쯤은 자형도 짐작하셨겠지요?"

"그, 그렇겠지. 자네 같은 사람이 그저 아무 이유 없이 그렇게 되었겠어?"

시몬은 자신이 처남의 말에 말려들고 있다는 것을 느꼈으나 어쩔 수가 없었다. 그렇다고 이제 와서 처남의 말을 무조건 막을 수도 없었다. '이왕 이렇게 된 것, 들어나 보자' 하는 마음이 되었다.

"자형, 제가 다메섹에 가게 된 이유도 알고 계시잖아요. 그때 저는 정말 나사렛파 무리가 너무 미웠어요. 하나님을 모욕하고, 율법을 짓밟고, 우리 바리새인들을 회칠한 무덤이라며 위선자로 몰고, 자기가 하나님의 아들이라고 떠드는 천하에 몹쓸 이단의 괴수를 추종하다니…. 그래서 대제사장으로부터 허가장을 받아 다메섹으로 가고 있었지요. 다메섹에 있는 유대인들 중에 나사렛파에 속한 놈들을 다 잡아가려는 열심으로요."

사울이 쓰디쓴 웃음을 내보이며 시몬을 바라보았다. 시몬은 거기까지는 알고 있다는 듯 고개를 끄덕였다.

"그런데 다메섹에 거의 다 갔을 때였습니다."

사울은 자신이 미리암과 다니엘에게 이미 말했던 내용을 좀더 구체적으로 이야기했다. 오늘만 세 사람에게 똑같은 말을 하고 있었다.

사울은 그 후 아라비아 광야에서 가진 기도와 묵상의 시간, 그리고 그때 예수를 다시 만난 체험과 삼층천에 올라갔다 온 얘기까지 했다. 삼층천 얘기는 자형에게만 했다. 그에게 좀더 큰 자극을 주기 위해서였다. 과연 그 전까지는 큰 관심 없는 듯한 태도로 사울의 말을 듣던 시몬이 삼층천 얘기를 들으면서는 무언가에 크게 부딪힌 것 같은 표정이 되었다. 얼마 전 자신의 형이 갑자기 발작을 일으키다가 죽는 것을 경험했기 때문이었다. 그의 형 역시 바리새인이었다. 시몬은 형을 존경하고 사랑했었다. 부모님은 말할 것도 없고 온 가족이 형의 죽음을 슬퍼하며 장례를 치렀다. 시몬은 그 형이 천국으로 갔는지 아닌지 알 수 없었다. 이후 그는 형뿐 아니라 자신이나 가족들이 모두 죽은 후에는 어떻게 될까 하는 생각을 문득문득 하곤 했다. 그런 마음 상태였던 그에게 사울의 삼층천 이야기는 정신이 번쩍 들게 했다. 그가 무슨 말인가를 하려고 할 때, 마침 미리암이 그들 곁으로 다가와 사울에게 말했다.

"너무 피곤하겠다. 오늘 종일 쉬지 못했겠구나. 어서 들어가 자라."

사울도 오늘은 이쯤에서 끝내는 게 좋겠다고 생각했다. 앞으로 이곳에 있는 동안 매일 성경을 조금씩 공부해야겠다고 생각하고 "샬롬!" 하고 인사를 한 후 자기 방으로 들어갔다. 사실 너무나 피곤했다. 온종일 많은 말을 했다. 그는 잠시 기도한 후 잠자리에 들자마자 곧 깊은 잠에 빠졌다.

다음날 그는 아침 식사 자리에서 가족들의 태도가 조금씩 다르다는 것을 느꼈다. 가장 밝고 명랑한 사람은 다니엘이었다. 삼촌이 보고 겪었던 모든 것으로 인해 그는 삼촌이 너무 자랑스러웠다. 삼촌이 왠지 의젓해 보이고 뭔가 영적으로 거인처럼 신비하게 느껴졌다. 미리암은 동생이 안타까웠다. 그 예수라는 자가 정말 메시아인지는 알 수 없지만 동생 사울이 너무도 당당하게 자기가 그의 종이라 하는 것이 견디기 힘들었다. 아버지가 그토록 사랑했던 동생 사울, 이스라엘의 초대 왕 이름을 지어주며 장차 이 나라를 하나님의 율법과 규례로 올바르게 세워 저 이방 나라의 통치로부터 정신적으로나 영적으로 굳게 지켜주기를 간절히 바랐던 동생이 어쩌다 저렇게 변했을까? 어제 사울의 얘기를 듣고 마음을 열어 어떻게든 이해해 보려 했지만 밤새 잠을 설치며 마음이 불안했다. 온 가족의 희망의 등불 같았던 동생의 마른 얼굴을 보니 가슴에 차오르던 불안함이 다시 치고 올라왔다. 그녀는 그래도 미소를 잃지 않으려 애를 쓰며 동생에게 맛있게 먹으라고 부드럽게 말했다.

시몬은 어제 사울에게 들은 이야기 중에서 아무리 생각해도 이해하기 어려운 부분이 있었다. 이미 십자가에서 죽어버린 그 예수라는 사람의 말을 들었다는 것이나, 눈이 멀었다가 보게 되었다는 둥 그런 것은 그의 합리적 사고방식으로는 도저히 이해되지 않는 이야기였다. 어쩌면 마른하늘에서 벼락이 떨어졌었는지도 모른다. 비가 잘 오지 않는 중동 지방에선 가끔 그런 일이 일어난다. 그걸 가지고 누구 목소리를 들었다고 하는 것이 아닐까? 그때 너무 놀라서 정신이 좀 어떻게 된 게 아닐까? 사울이 삼층천에 올라갔다 왔다는 것도 의문이었다. 물론 죽은 형을 생각하면 천국이 분명히 있길 바라고, 또 형이 그곳에 갔기를 간절히 바라지만 사울의 말을 의심스럽게 생각하기 시작하니 그 또한 의심스러웠다. 어쩌면 꿈을 꾸었는지도 모른다. 아라비아라는 광야에서 제대로 먹지 못하고 뒹굴다 보니 이상한 꿈이나 헛것이 보였을 수도 있다. 시몬은 다른 한편으로는 사울이 그 예수당의 일원이 됨으로써 자기 사업과 가족에게 어떤 득실이 있을까를 꼼꼼히 계산하고 있는 중이었다. 나머지 어린아이들은 그저 재미있게 떠들고 있었다.

"자형과 누님, 다니엘과 베냐민, 오늘 저녁부터 저와 함께 성경을 읽으면 어떻겠어요?"

"네, 삼촌, 저는 좋아요!" 다니엘이 활기찬 목소리로 찬성했다.

"저도, 저도요!" 삼촌을 무조건 좋아하는 베냐민도 손을 들었다.

그러자 그의 부모도 반대할 수가 없었다. 시몬은 마음이 내키지 않아 아무 말도 하지 않았다. 지금까지 그는 처남에게 반대하거나 그의 말을 반박한 적이 한 번도 없었기에 무뚝뚝한 얼굴로 식사만 하고 있었다. 그러나 누이 미리암은 오랜만에 만난 동생의 말을 들어주고 싶었다. 그가 어떻게 변했든 자기가 가장 사랑하고 자랑스러워하는 동생이다. "그럴까?" 그녀가 작은 소리로 응답했다. 사울은 웃으며 "자형도 찬성하시죠?" 하며 시몬을 바라보았다. "시간을 내보겠네." 그는 억지로 겨우 대꾸했다.

"모두 감사해요."

사울은 웃으며 대답하고 즐거운 마음으로 식사를 시작했다. 식사를 마치고 방에 들어가 가족의 구원을 위해, 그리고 사도들과의 만남을 통해 전도의 길이 열리고 유대와 이방에 구원의 역사가 일어나기를 간절히 기도하는 동안 어느새 오 시(오전 11시)가 되었다.

그는 육 시에 바나바와 베드로를 만나기로 한 것을 떠올리며 누이에게 다녀올 데가 있다고 말한 뒤 예루살렘 성전 미문을 향해 걸었다.

'오늘도 베드로 사도님만 나오실까?'

다메섹에서 떠나 이곳으로 올 때는 모든 사도님들과 교제의 악수를 할 것으로 기대했는데…. 베드로에겐 대범하게 말했지만 가슴 한 구석에 뭔가 묵직한 아픔이 가라앉는 걸 느꼈다. '아니야, 괜찮아. 어떻게 처음부터 모든 게 술술 풀리기만 바라겠어?' 그는 걸으면서 외국에서 유월절 제사를 지내기 위해 온 사람들을 쳐다보았다. 그들도 성전을 향해 바쁘게 걸어가고 있었다. 그들은 성전에서 제사드리면서 자신들이 하나님의 백성이며 유대인임을 확인한다.

그래, 하나님은 나의 낮아짐의 제사를 먼저 받기 원하시는 거야. 그리스도 안에서 난 만삭되지 못하여 난 자가 아닌가. 주께서 그런 나를 불러주신 것만으로도 얼마나 감사한 일인가!

가만히 생각해 보니 사실 자기는 사도들과 어깨를 나란히 할 만한 사람이 결코 되지 못했다. 성도들을 박해하고 그들에게 저주를 퍼붓고 감옥에 처넣었던 자신의 태도에 비하면 지금 사도들이 자신을 대하는 태도는 오히려 너무 너그러운 편이었다. 특히 베드로 사도의 마음은 저 넓은 바다보다 더 넓은 것이다. '범사에 감사하자, 기뻐하자, 기도로 이기자.' 그는 자신의 마음을 다독이면서 섭섭한 이 마음을 없애달라고 주님께 기도하며 성전 앞에 있는 미문으로 걸음을 옮겼다.

천천히 걸었지만 아직 육 시가 되지 않아서인지 바나바와 베드로의 모습은 보이지 않았다. 대신 기도 시간에 맞추어 성전을 향해 부지런히 걷는 사람들이 그의 곁을 스쳐 지나갔다. 사울은 자신도 한때는 이들처럼, 아니 이들보다 한층 더 열심히 제사와 기도 시간을 엄수하면서 그렇게 하지 못하는 사람들을 마음속으로 비판하곤 했던 것이 생각났다. 흠…. 그러고 보니 웃음도 났지만 마음 한쪽이 쓰라렸다. 그때 그렇게 하나님을 열심히 섬긴다고 하면서 정작 진짜인 메시아를 못 알아보고 주님을 핍박했다는 것이 아무리 회개하고 또 회개해도 마음에 커다란 아픔으로 남아 있었다.

그래, 그래서 나는 만삭되지 못하여 난 사람일 뿐이야. 모든 성도

중에서도 지극히 작은 자이며 하나님의 교회를 박해했으니 사도는 커녕 오히려 죄인 중의 괴수일 수밖에 없어. 지금 베드로 사도나 예수님의 형제인 야고보 감독과 교제의 악수를 할 수 있는 것만도 얼마나 놀랍고 감사한 일인가. 마음으로 주님께 감사의 기도를 하며 미문 옆에서 서성이고 있자니 이쪽을 향해 부지런히 걸어오는 바나바가 보였다. 그는 한 손을 들어 반가움을 표했다. 바나바도 함박 웃으며 손을 흔들었다. 가까이 다가온 바나바와 그는 가볍게 안고 어깨를 두드리며 반갑게 인사를 나눴다. 샬롬! 어제 보고 오늘 또 보는데도 무척 반가운 것이 어느새 두 사람은 친형제가 된 것 같았다.

"지금 사도님들께 갔다 오는 길이에요. 사도님들은 오늘 함께 해야 할 일이 있다고 이곳에 오지 못하신답니다. 그 대신 베드로 사도님이 한 시간 후에 헬라 유대인이면서 주님의 제자인 어떤 성도님 집으로 오라고 하시네요. 그분의 집은 여기서 한 30분 정도 걸어가면 있습니다."

"아, 네, 그렇군요. 그럼 아직 시간이 좀 있으니 먼저 기도하고 천천히 그곳으로 걸어가지요."

그들은 함께 성전으로 걸어가 어제 기도했던 이스라엘의 뜰에 있는 기도처로 들어갔다.

사울은 어제보다 오늘 왠지 더욱 지금의 자기 처지가 처량해 보였다. '나는 사도들을 만날 만한 자가 아니다. 나는 저들을 핍박하고 멸시했었다. 그들이 나를 기피하는 것은 당연하다. 그러니 그보다 더한 것을 바란다면 그것이 바로 교만이다. 하나님은 교만은 패망의 선봉이라고 하셨다.' 머리로는 분명 이렇게 생각하고 있지만, 정작 이런 상황에 부딪칠 때마다 자신도 모르게 마음을 긁어대는 뭔가가 불편하게 만들었다.

그는 복잡한 마음을 안고 기도처에 무릎을 꿇었다. 그리고 간절한 마음으로 기도했다. 그는 먼저 시편 86편의 다윗의 기도를 암송했다.

"여호와여, 나는 가난하고 궁핍하오니 주의 귀를 기울여 내게 응답하소서. 나는 경건하오니 내 영혼을 보존하소서. 내 주 하나님이여, 주를 의지하는 종을 구원하소서. 주여, 내게 은혜를 베푸소서. 내가 종일 주께 부르짖나이다."

감히 자신을 다윗과 비교할 수는 없겠지만 지금의 심정은 꼭 그때 다윗의 심정과 비슷하다고 느꼈다. 그는 참회와 함께 하나님의 도우심을 간절히 간구하는 기도를 올렸다. 그의 이마에서 땀이 송골송골 맺히더니 나중에는 툭툭 옷깃에 떨어졌다. 주님께서 자신에게 맡기신 사명을 이루기 위해서는 예루살렘 공회의 인준을 받아야 했다. 물론 혼자 다니며 복음을 전할 수도 있었다. 그러나 그는 자신의 부르심과 사역이 모퉁잇돌이 되시는 예수님을 중심으로 사도들과 선지자들의 터 위에 세워지지 못한다면 주님의 성전의 한 귀퉁이 역할마저 할 수 없다는 것을 알고 있었다. 주님의 교회는 사도들과 선지자들과 성도들이 서로 연결되어야 온전해질 수 있다는 것을 일찍이 깨닫고 있었다. 사울은 아직 사도들에게서 자신의 신앙과 그에 따른 복음의 핵심에 대한 인정을 받지 못했다. 사울의 기도는 정말로 간절했다. 폭포처럼 눈물이 흐른다는 것이 이런 것일까? 아라비아 사막에서 흘렸던 눈물과는 다른 의미의 눈물이 그의 얼굴을 덮었다.

"주님, 저에게 사명을 주셨다면 어디에서 시작하여 어디로 가야 합니까?"

예루살렘에는 사도들이 이미 자리를 잡고 있었다. 설령 그렇지 않다 해도 이미 예루살렘에서는 복음을 전하기가 어려워지고 있었다. 이곳에 있던 성도들도 다른 지역으로 뿔뿔이 흩어지고 있었다. 사울은 정말로 자신을 향한 주님의 뜻을 알고 싶었다. '주님, 어디서부터 시작해야 합니까?' 간절한 마음으로 매달리고 있는 그의 모습은 흡사 바닥에 둥글게 붙어 있는 커다란 딱정벌레 같았다. 흐느낌이 그의 입에서 흘러나왔다. 모든 사도를 만날 수 있으리라는 기대도 무너졌다. 사도들을 대표한다는 야고보 장로와 베드로 사도를 만나기는 했지만 그들조차 사울을 전심으로 반기는 듯한 태도는 아니었다. 하긴 사울도 그들을 이해했다. 자신은 예수님의 제자들을 잡아 감옥에 처넣은 사람이 아닌가. 어떻게 하루아침에 그들의 마음 문이 열리겠는가?

복잡한 마음을 부여잡고 엎드려 울고 있을 때 갑자기 그의 주위가 환해지면서 황홀한 빛이 그를 감싸 안았다. 그 빛은 다메섹 도상에서 마주쳤던 빛과 비슷했지만 좀더 정확히는 삼층천에 올랐을 때 느꼈던 그 빛과 흡사했다. 맑고 찬란했지만 찌르는 듯한 빛이 아닌 한없이 부드럽고 따뜻한 빛, 그 속에서 이미 익숙해진 주님의 음성이 들렸다.

"속히 예루살렘을 떠나라. 예루살렘에 있는 자들은 네가 내게 대하여 증언하는 말을 듣지 않을 것이다."

아! 저 다정한 음성!

"주님, 저는 이곳에서 많은 주님의 제자를 박해하였고 스데반이 피를 흘리며 죽을 때 찬성하며 사람들을 격동했습니다."

사울이 주님께 참회의 눈물을 흘리며 대답했다. 주님은 마치 서두르듯 다시 말씀하셨다.

"떠나라. 내가 너를 멀리 이방인에게로 보내노라! 그들 또한 나의 백성이다."

사울이 이방인 선교사로 확실한 소명을 받은 것이 바로 이때였다. 그는 다시 한번 말씀해 주시는 주님의 깊은 사랑에 가슴이 먹먹해지도록 감사하면서 엎드려 울었다. 이제 그는 다른 사도들을 만나지 못한 것에 대한 아무런 아쉬움이 없었다. 자신의 갈 길을 확실히 알았기 때문이다. 주님의 일하심에는 한 치의 어긋남도 없다. 다른 사도들이 자기를 만나려 하지 않았던 것도 다 이유가 있었다. 사실 그들을 꼭 만나야 할 필요도 없었다. 야고보 감독과 베드로 사도만 만나면 되는 것이다. 복잡했던 마음이 맑은 거울처럼 깨끗해졌다. 바나바도 멀찍이 떨어져 간절히 기도하고 있었다. 얼마나 지났을까? 바나바가 기도에 푹 빠져 있는 사울에게로 다가와 속삭였다.

"이제 떠날 시간이 되었어요."

그들은 함께 성전의 양문을 나와 서쪽으로 돌아 주민들이 살고 있는 마을로 내려갔다. 얘기를 나누며 걷다 보니 금세 30분이 훌쩍 지나 어느 집 앞에 서게 되었다. 그들은 조금 열린 문을 지나 안으로 들어갔다. 그곳엔 많은 사람들이 있었고 그들 가운데 베드로가 있었다. 사울은 반가움에 손을 번쩍 들었다. 베드로도 활짝 웃으며 손을 들고 어서 들어오라고 말했다. 그중 대부분이 바나바를 알고 있는지 모두 그를 반가워했다. 그들은 사울에게도 인사를 했다. 바나바와 사울이 자리에 앉자 베드로가 사람들에게 사울을 소개했다.

"여러분, 바로 이분이 아까 제가 말씀드렸던 바리새인 사울 형제입니다. 한때 우리를 박해하는 일에 열심이었지만 예수 그리스도를 만난 후 완전히 우리와 같이 되어 복음을 전하는 일에 열심인 성도가 되었습니다. 서로 인사하십시오."

여기저기서 탄성과 함께 박수가 터져 나왔다. 그들은 사울이 살기등등하게 자기들을 박해한 사실을 너무나 잘 알고 있었다. 그러나 베드로가 먼저 와서 그들에게 사울이 거듭났으며 지금은 누구보다 열심히 예수 그리스도를 전하는 사람이 되었다고 이야기했기에 너그럽게 그를 영접할 수 있었다.

베드로가 사울에게 앞으로 나오라고 하면서 사울이 자신들에게 해줄 말이 있을 것이라고 소개했다. 사울은 자신의 과거에 대해 이미 알고 있는 그들에게 사과부터 했다.

"여러분, 저는 여러분과 같은 성도라고 할 수 없는 사람입니다. 한때 다른 사람들보다 율법에 특심하고 우리 주님이신 예수 그리스도를 알지 못하여 여러분을 박해하고 스데반 집사님을 죽이도록 선동했던 죄인입니다. 그러나 우리 주 예수님의 크신 은혜로 용서함을 받고 지금은 여러분과 똑같은 성도가 되었으니 주님의 은혜가 가없을 뿐입니다. 고맙고 감사합니다."

사울이 눈물을 글썽이며 짧은 인사를 끝내자 여기저기서 한숨소리가 들렸다. 그는 자신이 어떻게 주님을 만나게 되었는지, 그 후 어떤 길을 걸었는지에 대해 진지하게 간증했다. 사람들은 탄성을 지르기도 하고 놀라기도 하며 그의 말에 화답했다. 감개가 무량했다. 이런 자리를 마련해 준 베드로에게도 감사했다. 모두 화기애애한 가운데 식사가 준비되었고 그렇게 기쁘게 하루를 보냈다.

이후 사울은 보름 동안 베드로를 몇 번 더 만났고 야고보 감독도 두어 번 더 만났다. 한번은 요한까지 베드로와 함께 와서 만났다. 사울은 사랑이 가득한 요한에게서 강한 인상을 받았다. 베드로와 야고보, 요한 또한 사울의 순전한 믿음과 예수님을 향한 뜨거운 사랑, 그리고 겸손을 더욱더 분명히 확인할 수 있었다. 그들은 내심 크게 놀라워하며 사울을 진심으로 대하기 시작했다. 사울은 이제 함께 박해받는 입장에 서 있는 동지가 되었다. 사울은 베드로와 야고보, 요한이 자신을 점점 더 신뢰하는 모습을 보며 다른 사도들이 자신을 만나러 오지 않는 것에 섭섭함을 느꼈던 자신이 우스워지기까지 했다. 지금은 오히려 감사했다. 그는 자신을 너무 잘 알았던 것이다. 만일 모든 사도가 처음부터 쌍수를 들고 자신을 환영하며 대단한 인물인 것처럼 자신을 치켜세웠다면 스스로 얼마나 자만해졌을 것인가. 그는 자기 속에 있는 인간적 욕심이나 사람들에게서 인정받고 싶은 마음 그 모두를 십자가에 못 박아 버려야 했다. 그 과정이 바로 지금과 같은 시간이었다. 그는 섬세하게 자신을 빚어 가시는 주님의 손길을 느꼈다. 어느 틈엔가 자신에게 일어나는 모든 일을 예수 그리스도의 손길로 느끼는 사람이 되어 있었다. 자신을 낮추시는 주님의 손길 역시 아프면서도 다른 한편으로는 무엇이라 말하기 힘든 시원하고 통쾌한 마음이 되는 것을 느꼈다.

사울은 예수님의 사랑과 은혜를 가슴에 품고 낮에는 바나바, 그리고 가끔 베드로와 야고보를 만나 성전에서 예루살렘과 동족들, 그리고 자신의 소명을 위하여 기도하고 그들과 함께 전도하며 다니다가 저녁에는 누나 가족들에게 성경을 가르치느라 분주하게 보냈다. 그러던 어느 날, 그날도 바나바와 함께 성전에서 기도하고 미문 옆을 지나 거리로 나오려던 때였다. 사울을 알아본 한 바리새인이 큰 소리로 사울을 불렀다.

"여~ 자네 사울 아닌가? 무슨 일로 이 거룩한 성전에 들어왔는가?" 한껏 경멸하는 말투로 빈정대는 목소리였다.

"어?" 사울이 깜짝 놀라 그를 쳐다보았다. 그는 명철하여 대제사장과 산헤드린 회원들로부터 편애를 받던 사울을 항상 시기하던 자였다.

"듣자 하니 언제부턴가 나사렛파의 두목이 되셨다고? 역시 자네는 어딜 가나 머리 노릇만 하는군. 물론 잘난 사람은 우리 같은 사람들과는 다르게 살기 마련이지. 흐흐흐."

살기마저 느껴지는 그의 음침한 웃음에 사울의 등골이 오싹했다. 이제 이 사람에게 들켰으니 더는 예루살렘에서 지체할 수 없을 것 같았다. 바나바가 사울을 감쌌다. 그리고 얼른 사울의 손을 잡아끌었다. 사울이 뭐라고 대답할 겨를도 없이 바나바는 사울을 데리고 예루살렘 거리로 내려갔다.

"자네, 여기서 더 어슬렁거렸다간 성전 경비병한테 잡히고 말걸~."

뒤에서 그 남자의 거친 목소리가 사울의 뒤통수를 때리듯 들려왔다. '아, 주님께서 나에게 어서 예루살렘을 떠나라고 하신 이유가 여기에 있었구나!' 그는 바나바와 함께 달리면서 생각했다.

집으로 돌아온 사울은 예루살렘을 떠날 준비를 했다. 그는 누이 집에 있는 동안 예수님처럼 오래 참고 온유한 모습을 보이며, 심지어 나이 어린 조카들에게도 겸손한 태도로 대했다. 조카들은 그러한 삼촌이 처음엔 낯설었지만 차츰 익숙해지면서 그들도 덩달아 조용하고 온유한 모습을 보이기 시작했다. 사울은 매일 저녁 식사를 끝낸 후 가족 모두에게 성경을 가르쳤다. 특히 예수가 왜 그리스도일 수밖에 없는지에 초점을 맞추었다.

누나의 가족들은 그의 뜨거운 열정과 성경에 예시해 놓은 메시아의 모습을 통해 점점 더 예수님과 가까워졌다. 특히 메시아가 많은 사람의 환영을 받는 화려하거나 엄위한 왕이나 장군이 아니라 큰 고난을 겪을 존재임을 깨닫게 되었다. 그 메시아가 희생제물로 바쳐지는 어린 양으로서 '도수장으로 끌려가는 어린 양과 털 깎는 자 앞에서 잠잠한 양'처럼 잠잠히 그 모든 곤욕을 당하셨음을 알게 되었다.

시몬 역시 시간이 가면서 예수가 그리스도일 수밖에 없다는 것을 인식하기 시작했다. 그러나 그는 여전히 자신의 가족과 사업, 명예를 소중히 여기는 평범한 사람이었다. 복잡한 그의 마음은 마치 가시덤불이 많은 밭과 같았다. 그럼에도 그는 처남 사울을 새롭게 인정하고 있었다. 그렇게도 사울 자신을 영광스럽게 해주었던 가말리엘 문하라는 간판, 바리새인이라는 직위, 성경에 박식하다는 명성과 유대사회에서 얼마든지 누릴 수 있는 종교적 권리를 헌신짝처럼 버리고(사울은 그런 것은 예수 그리스도를 아는 지식에 비하면 배설물과 같은 것이라고 했다) 예수를 좇아 살기로 한 그 용기와 담력에 마음 깊이 감탄하고 있었다. 그러나 자신은 처남과 같은 담력이 없었다. 처남은 아내와 그녀의 가족에게서 버림받으면서까지 그 예수를 좇아가고 있었다. '하지만 나는 아니야. 그 예수가 아무리 메시아라 해도 나는 아내와 아이들을 버릴 수 없어.' 그래서 그는 사울이 예수를 구주로 영접하고 세례를 받으라고 권할 때, "다음에…" 하며 어정쩡하게 대답했다.

시몬을 뺀 다른 가족 모두는 세례를 받겠다고 했다. 사울이 떠나기 이틀 전 그는 세례 받으려는 가족들을 부르고 세례가 무엇인지 세례의 의미에 대하여, 또 그리스도인이 된다는 것은 무엇인지에 대하여 설명했다.

"세례는 내가 그리스도와 함께 십자가에 못 박혀 죽고 그리스도의 사람으로 거듭나게 되었다는 것을 하나님과 사람들과 사탄에게 공개적으로 선포하는 것이다."

누나와 조카들에게 세례를 주던 날, 그날의 감격을 사울은 잊지 못한다. 그는 주 예수님께서 자신을 부르신 것은 세례를 베풀게 하려 하심이 아니요, 오직 복음을 전하게 하려 하심인 줄 알아, 그의 일생에 겨우 몇 사람 외에는 세례를 베풀지 않았다. 그러나 가족들만은 자신이 직접 세례를 주어 그 자신들이 주 예수 그리스도의 사람임을 영혼 속에 인쳐 주고 싶었다. 세례 장소는 누나 집 정원에 있는 우물이었다. 시몬은 자신은 세례를 받지 않았지만 그럼에도 가족들을 위해 열심히 도왔다. 물속에 푹 잠기기에는 아직 날이 찼으므로 물을 데웠고 커다란 물통을 준비했다.

그리고 누나를 시작으로 한 사람씩 물속에 들어갔다. 사울은 처음으로 물통에 들어온 누나의 머리에 손을 얹고 "내가 성부와 성자와 성령의 이름으로 세례를 주노라" 하고 말하고 시몬의 도움을 받아 누나를 물속에 잠기게 했다가 일으켰다. 미리암은 물속에 들어갔다 나오는 순간 온몸에 찌르르한 충격을 느끼며 눈물을 쏟았다. 그 순간, 동생 사울이 강조하고 또 강조해서 설명했던 '예수님의 십자가 고통은 바로 나의 죄 때문이다'라는 사실이 깨달아졌다. 성경 공부 시간에 사울에게서 듣기는 했지만 그렇게 절실하게 가슴에 와닿지는 않았던 그 느낌이 이제 분명하고 확실하게 느껴졌다.

"오, 주여!"

그녀가 이렇게 외치며 눈물을 흘렸다. 시몬도, 아이들도 모두 놀란 눈으로 그녀를 바라보았다.

"나 때문에, 나 때문에…"

그녀는 눈물을 흘리며 말을 잇지 못했다. 아아, 정말이었구나! 정말 예수님이 나 때문에 죽으셨구나…. 다음엔 다니엘이, 그리고 베냐민이 세례를 받았다. 그들은 아직 어렸으나 성경 공부하는 동안 예수님을 주님으로 영접하겠다고 또렷이 대답했다. 아이들은 엄마와 같은 체험은 없었으나 엄숙한 삼촌의 말과 물속에 잠겼다 일어나면서 자신들이 이제 정말로 예수님의 가족이 된 것을 느꼈다. 시몬은 가족들의 그런 모습을 보며 마음에 큰 동요를 느꼈다. 무언가 자신이 느끼고 깨닫지 못하는 게 있었다! '다음에 처남이 올 때엔 나도 세례를 받아야 할 것 같다.' 그는 속으로 다짐했다.

가족들에게 세례를 주고 떠날 준비를 하는 동안 사울의 심령은 점점 더 기쁨으로 충만해졌다. 하나님의 뜻이 더 분명해졌기 때문이다. 예루살렘과 유다 땅은 사도들이 복음을 전하고, 자신은 이방 땅으로 나아가 복음을 전하는 것이 하나님의 뜻이었다. 주님은 사울을 이방 땅인 다메섹에서 부르시고, 그의 마음을 이방으로 향하게 하셨다.

그래서 그는 자신에 대하여 이렇게 기록했다.

"이 은혜는 곧 나로 이방인을 위하여 그리스도 예수의 일꾼이 되어 하나님의 복음의 제사장 직분을 하게 하사 이방인을 제물로 드리는 것이 성령 안에서 거룩하게 되어 받으실 만하게 하려 하심이라" (롬 15:16).

기독교 역사에서 진정한 선교의 첫발을 내디딘 사람이 사울이다. 그는 이 일을 위해 부름 받은 사람이었다.

사울이 고향을 향해 떠나는 날 아침에 바나바가 찾아왔다. 그는 말없이 사울을 안아 주었다. 그날 가족들의 모습은 그가 처음 그 집을 방문했을 때와는 매우 다른 모습이었다. 그들에게선 사랑이 흘러넘쳤고 웃음이 많아졌다. 따뜻한 친밀감이 그 어느 때보다 풍성했다. 떠나야 하는 사울을 모두 아쉬워하며 힘껏 포옹했다. 사울은 밖에까지 나와 손을 흔드는 그들을 뒤로하고 아라비아를 향해 떠났다.

사울은 아라비아에 가서 지난 3년 동안 삶의 터전이었던 장막과 그 안의 물건을 정리하고 고향 다소를 향해 다시 발걸음을 옮겼다. 누나 집에 들려 따뜻한 환대를 받고 복음을 전했던 일의 영향으로 고향의 부모와 다른 형제들을 향한 간절한 그리움이 그를 사로잡고 있었다. 그들에게도 어서 이 복음을 전하고 기쁨을 함께 나누어야 했다. 그의 발걸음이 빨라졌다.

고향 다소

나의 고향 다소는 인구 50만의 큰 도시로 길리기아 지역의 정치적 수도요, 소아시아의 학문과 문화 그리고 군사적 중심지다. 예루살렘의 인구가 8만 정도인 데 비하면 정말 큰 도시다. 그뿐 아니라 이곳은 아테네와 알렉산드리아를 능가하는 대학이 있는 교육도시이기도 하다. 학문과 철학을 좋아하는 나는 이러한 문명과 대학의 도시에서 태어난 것이 모두 하나님의 축복이라 생각하고 늘 하나님께 감사했다. 나는 이곳 대학에서 그리스, 로마 철학과 학문을 가까이 접할 수 있었고, 일찍이 아버지가 로마시민권을 받아놓은 덕분에 자동적으로 로마시민이 될 수 있었다.

이 도시는 지중해변에 있어서 무역과 상업이 발달하여 늘 떠들썩하고 분주한 상인들의 왕래가 빈번한 항구도시다. 천연요새인 다소항은 키두누스강이 지중해로 흐르고 북쪽은 타우루스산을 중심으로 한 산맥에 둘려 있다. 풍부한 광물자원과 목재 또한 무역항으로 성장하는 데 좋은 조건을 제공하고 있다. 특산물은 아마(亞麻) 원자

재와 염소 털로 짠 직물이 유명하여 직조업과 천막제조업이 성행했다. 나의 아버지도 직조업과 천막제조업으로 많은 돈을 벌 수 있었다. 덕분에 나 역시 어린 시절부터 천막을 만드는 법을 익혀 어디로 가든 이 기술로 생활비를 벌었다. 유대인들은 자녀들에게 한 가지 이상 기술을 배우도록 하는 습관이 있다. 나는 예루살렘에 올라가 가말리엘 문하에서 율법을 배울 때도 틈틈이 장막을 만들어 필요한 양식을 얻곤 했다. 물론 아버지의 후한 지원을 받고는 있었지만 어느 정도 장성한 후에는 내가 배운 기술로 돈을 벌어 생활하는 데 자부심을 느꼈다.

나의 이름은 히브리어로 '사울'이며 그리스어로는 '바울'이다. 베냐민 지파이며 바리새인이셨던 아버지는 베냐민 지파로서 이스라엘의 초대 왕인 사울의 이름을 따서 나의 이름을 '사울'이라고 지으셨다. 역사상 사울이 비록 실패한 왕이긴 하지만 베냐민 지파에서는 이스라엘의 초대 왕이었던 사울 왕에 대한 자부심이 면면히 흐르고 있다. 아버지는 내가 사울 왕처럼 되는 꿈을 꾸셨던 것 같다. 오늘과 같은 로마의 지배하에서 어떻게 왕이 되겠는가. 그러기에 아버지는 내가 왕은 못 되더라도 유대의 종교 지도자가 되길 바라시고 어릴 때부터 여러 가지 교육을 받게 하셨다. 나 또한 아버지의 그런 소망에 부응하여 열심히 공부했다. 사울이었던 나는 이방인들에게 복음을 전하면서 자연스럽게 그리스식 이름인 바울로 이름이 바뀐 것일 뿐, 유대인들에게는 여전히 사울로 불렸다.

나는 소위 금수저로 태어나긴 했으나 다른 사람은 물론 부모님에게조차 재정적으로 의지하기를 싫어했다. 그것이 나의 장점이자 단

점인지도 모르겠다. 그러한 자부심과 독립적인 성격 때문에 다른 사람에게 굳이 아첨할 필요도 없었고, 그들과 억지로 끈끈한 연대를 가지려고 애쓰지도 않았다. 다른 사람들의 입장에서 보면 매우 건방지고 교만해 보일 수 있었을 것이다. 그러한 성격은 어쩌면 아버지로부터 물려받았는지도 모른다. 일찍이 고향인 유대 땅을 떠나 다소라는 낯선 땅에서 홀로 자립하며 살아오신 아버지는 매우 부지런히 재물을 쌓기는 했으나 사람들을 억지로 자기편으로 만들려고 애쓰신 적은 없다. 다만 아버지는 하나님의 율법에 철저하신 분으로 "이 율법책을 네 입에서 떠나지 말게 하며 주야로 그것을 묵상하여 그 안에 기록된 대로 다 지켜 행하라 그리하면 네 길이 평탄하게 될 것이며 네가 형통하리라"(수 1:8)라는 말씀을 금과옥조로 삼고 살아오셨다. 고향을 떠나 이방 땅에서 살아가는 아버지로서는 의지할 것이 오로지 하나님 말씀뿐이었고, 우리 유대의 전통을 고집스럽게 이어가는 것만이 아버지의 긍지를 살릴 수 있는 길이었을 것이다. 하나님은 이러한 아버지에게 큰 물질적 축복을 내려주셨다. 아버지는 하나님께서 주신 축복을 자녀들의 율법과 탈무드 교육에 쏟아부으셨다. 그리하여 나 또한 예루살렘에 있는 가말리엘 문하에서 공부하게 된 것이다.

나는 아버지의 이러한 소망을 누구보다 잘 알았기에, 그리고 학문을 사랑했기에 아버지의 뜻을 따라 열심히 공부했고 많은 책을 읽어 지식을 쌓았다. 가말리엘 문하에서 공부하면서 내가 추구해야 할 가치가 무엇인지 더욱 확실해졌다. 그것은 하나님 나라를 이 땅에 견고하게 세워가는 것이었다. 위대한 스승인 가말리엘은 정말 영적으로나 세상 지식에서 독보적인 존재다. 그분을 따라갈 사람은 우리 시대에 아무도 없다.

'하나님의 상급'이라는 뜻인 그분의 이름은 '율법의 영광'이라는 별명으로 더욱 빛난다. 그분은 우리 이스라엘의 전설적인 랍비 힐렐의 손자다. 힐렐파는 율법을 해석하는 일에서 매우 엄격한 삼마이파와는 달리 자유롭고 온건한 입장을 취하는 편이다. 그러했기에 바리새인들과 관원들이 예수님의 제자들을 박해하고 죽이려 했을 때 "이스라엘 사람들아, 너희가 이 사람들에게 대하여 어떻게 하려는지 조심하라…이 사람들을 상관하지 말고 버려두라. 이 사상과 이 소행이 사람으로부터 났으면 무너질 것이요, 만일 하나님으로부터 났으면 너희가 그들을 무너뜨릴 수 없겠고 도리어 하나님을 대적하는 자가 될까 하노라" 하며 사도들을 위해 변명해 주어 그들의 생명을 구해 주었을 것이다.

이 일로 인해 후에 가말리엘이 니고데모와 아리마대 요셉과 함께 예수님의 숨은 제자라고 알려지기도 했으나 그것은 그리스도인들의 희망사항일 뿐이라고 생각한다. 나도 그분이 그런 분이었기를 바라지만, 철저한 율법주의자일 뿐 아니라 이미 유대사회에서 견고한 지위를 차지하고 있는 스승이 그 모든 것을 버리고 예수님의 제자가 되기는 어려웠으리라고 본다.

어쨌든 나는 그분처럼, 아니 그 이상으로 지적으로나 영적으로 유대교 정신의 터전이 되고 있는 율법에 앞서고 싶었다. 성경의 비밀을 더 많이 아는 것이 하나님을 더 사랑하는 일이라고 생각했기 때문이다. 다윗 왕이 노래한 것처럼 나는 '주의 법도를 묵상하며 주의 도에 주의하며 주의 율례를 즐거워하는 것'이 하나님께서 기뻐하시는 일이라고 생각했다. 그래서 나는 노력하고 또 노력했다. 시간만 있으면 말씀을 읽고 성경의 모든 갈피를 다 집어삼킬 듯이 외웠다. 그럼에도 내 영혼 가장 깊은 곳의 갈증은 줄어들지 않았다. 계속 목이 말랐다. 어디에서 비롯된 갈증이었을까?

나는 예수를 따르는 사람들을 잡아들이고 핍박하고 미워하면 그러한 갈증이 없어질 거라고 생각했다. 그래서 그렇게 했다. 나는 그들을 증오하고 경멸하며 천하게 여겼다. 그러자 내 안에서 나도 예상치 못했던 증오의 거품이 무럭무럭 솟아올랐다. 그 증오의 힘을 빌려 나는 더욱더 저들을 잔인하게 대했다.

엄밀히 말해 당시 내 안에는 그 어떤 평안이나 안식, 기쁨, 사랑도 없었다. 오히려 내 영혼의 영토에서는 무서운 증오의 독버섯들이 싹을 틔워 솟아오르기 시작했다. 시간이 흐르자 그것들은 살인적인 미움과 증오로 마음을 끓게 만들었다. 그런 마음으로는 세상을 제대로 살 수 없다. 증오의 부피가 커질수록 내 영혼은 오히려 더욱더 피폐해지고 있었다. 다메섹으로 가는 중에도 나는 영혼의 피폐함을 느끼고 있었다. 나는 하나님이 우리 유대 민족에게 주신 율법에 우리 민족이 살길이 있다고 믿었다. 그런데 그 율법을 가진 우리 민족의 형편을 보라.

지금 조국 유대 땅을 지배하고 있는 나라는 로마다. 우리는 마치 새장에 갇혀 있는 새처럼 꼼짝없이 저들에게 복종하며 살 수밖에 없다. 저들이 먹여주는 대로, 관용을 베풀어 주는 만큼만 우리의 목숨이 부지되는 것이다. 나는 로마의 지배로 인하여 양쪽 나라의 수많은 범법과 비루함과 거짓들을 보아왔고, 그런 것들에게 허무하게 굴복하는 조국의 모습을 보았다. 이렇게 내 조국이 아파 신음하고 있음에도 백성들 사이에서는 '우리는 결코 우리의 조국을 구출할 수 없다'는 무기력이 팽배해 있다. 나는 그 좌절을 이기고 하나님께 선택받은 백성으로서 앞으로 나아갈 길이 어딘가에 있지 않을까 하는 안타까운 소망 때문에 더욱더 열심히 공부했다. 아, 그 수많은 밤샘의 시간들, 저들을 이길 수 있는 길이 율법과 성경에 있으리라는 뜨거운 희망으로 공부하던 그 나날들…. 그런 나를 배반하는 사람이 예수였고 그를 따르는 사람들이었다. 그리하여 나는 그들을 박멸하는 것이 나의 의무이자 거룩한 사명이라고 생각했다.

그런데 그렇게도 찾아 헤맸던 진리와 길과 생명이 바로 하나님의 아들 예수라는 것을 이제야 확실히 깨달았다. "나는 길이요 진리요 생명이다"라고 단호하게 말씀하신 이 예수님이야말로 내가 찾고 찾았던 분이었다. 아, 다시 한번 주님의 그 따스한 품에 안기고 싶다! 그분은 한 번도 나를 책망하지 않으셨다. 오히려 나의 그 수많은 밤샘의 시간과 진리를 찾아 헤맸던 나날들을 아시기에 나를 불러 자신의 십자가 복음을 전하는 귀한 사명을 내려주셨다. 오, 주님! 마치 사막에서 오래도록 길을 잃고 헤매던 사람에게 생명의 물을 먹여주듯 내 영혼의 갈증을 풀어주신 주님, 그때 나는 확연히 깨달았다. 내가 그렇게도 갈급히 찾았던 진리, 그것은 바로 예수님이었다는 것을. 예수님이야말로 나의 전부다. 그 안에 길이 있고 진리가 있고 생명과 사랑이 있다.

이것이 복음의 신비다. 나는 나의 전부이신 예수님을 가슴에 품고 고향 다소로 향했다. 다메섹에서 길리기아 지방에 있는 다소로 가려면 수리아 안디옥을 지나게 된다. 소아시아에는 안디옥이라는 이름의 도시가 여러 개 있다. 비시디아 지방에도 안디옥이란 이름의 도시가 있지만, 나는 다메섹에서 떠났기에 수리아 안디옥을 지나 고향으로 갈 생각이었다. 수리아 안디옥은 로마에 버금갈 정도로 번성한 도시였기에 도시에서 자란 내게는 어딘지 친밀함이 느껴지는 도시이기도 하다. 그곳은 다소보다 더 상업과 학문이 발달한 곳으로 많은 유대인들이 살고 있었다. 과연 안디옥엔 많은 사람들이 활발히 다니고 있었고, 거리에는 옷가지나 음식을 파는 가게가 즐비했다.

나는 회당을 찾아 들어갔다. 마침 목요일이었다. 유대인들은 안식일 외에도 월요일과 목요일에 회당에 모여 토라와 선지서를 읽고 공부한다. 나는 회당에 들어가 앉았다. 안식일만큼은 아니었지만 유대인 이십여 명과 이방인으로 유대교를 믿는 사람처럼 보이는 네댓 명이 앉아 있었다. 하나님을 향한 송가와 시편 말씀의 낭독이 끝나고 회당장이 무리를 둘러보며 혹시 토라나 선지서를 읽기 원하는 사람은 나오라고 했다. 나는 손을 들고 일어나 앞으로 걸어갔다. 회당장이 두루마리를 건네주었다. 나는 이사야서 7장과 11장을 펴서 읽기 시작했다.

"보라 처녀가 잉태하여 아들을 낳을 것이요 그의 이름을 임마누엘이라 하리라"(사 7:14).

"이새의 줄기에서 한 싹이 나며 그 뿌리에서 한 가지가 나서 결실할 것이요 그 위에 여호와의 영 곧 지혜와 총명의 영이요 모략과 재능의 영이요 지식과 여호와를 경외하는 영이 강림하시리니"(사 11:1-2).

이 구절들을 읽는 동안 다시 한번 내 등에서 따스한 기운이 흐르는 것을 느꼈다. 나는 회중을 둘러보았다. 그들은 어리둥절해하고 있는 것 같았다. '처녀가 아들을 낳는다고? 그리고 이새의 줄기라면 다윗 왕이 아닌가? 다윗 왕은 처녀에게서 난 것이 아닌데? 이게 무슨 교훈적인 말씀인가?' 하는 기색이 역력했다. 내가 그들에게 질문했다.

"여러분, 방금 읽은 처녀에게서 난 아들이 누구를 가리켜 하신 말씀이라고 생각합니까?"

그들은 멍하니 나를 바라보았다. 잠시 후 머리를 두건으로 감싼 한 사내가 손을 들었다.

"앞으로 우리에게 오실 메시아에 대한 기록이 아니요?"

"그렇습니다. 메시아에 대하여 이사야 선지자가 하신 말씀입니다. 그런데 이 말씀에서 가리키는 임마누엘이신 메시아가 이미 우리에게 오셨습니다."

그러자 회중이 웅성거리기 시작했다. 어떤 사람들은 옆의 사람과 귓속말로 속닥이기도 했다.

"네, 이새의 뿌리에서 나시고 처녀의 몸에서 나오신 그 메시아가 이미 우리 가운데 오셨습니다. 그러나 우리 유대인의 장로들과 지도자들이 그를 십자가에 못 박아 죽게 했습니다. 하지만 그분은 삼 일 만에 살아나셨습니다. 하나님이 그를 죽음에 가두지 못하게 하셨기 때문입니다. 그분은 그렇게 살아나신 후 사십 일 동안이나 제자들과 함께 지내다 하늘로 승천해 올라가셨습니다. 이 일을 분명히 보고 경험한 사람이 오백여 명이나 되고 저 또한 그분을 뵈었습니다."

사람들이 더욱 황당한 표정으로 웅성거리기 시작했다. 나는 사람들이 당황해하는 모습을 보며 침착한 목소리로 나 자신이 예수님을 만났던 이야기를 했다.

"여러분, 당황하지 마십시오. 이 이야기는 거짓이나 꾸며낸 이야기가 아닙니다. 나는 고향 다소에서 나서 가말리엘 문하에서 수학한 바리새인입니다. 나 역시 여러분과 마찬가지로 율법에 특심이 있어서 예수를 좇는 무리를 잡아 가두거나 채찍질하며 회유시키려고 온갖 노력을 다 했던 사람입니다. 그래서 다메섹까지 가서 그들을 잡아 감옥에 가두려고 했었습니다."

그러자 중간쯤에 앉아 있던 한 사내가 소리를 질렀다.

"혹시 당신이 바로 그 사울이라고 하는 정신이 좀 이상하다는 사람 아니요? 다메섹으로 가던 길에 하늘에서 비친 빛으로 맹인이 되었다나 뭐라나…. 그런 후 확 돌았다는 그 사람 아닌가 말이요?"

사람들이 나와 그 사내를 번갈아 보며 수군거렸다. 나는 이미 예상했던 터라 더욱 침착한 목소리로 그의 말에 응수했다.

"네, 그렇습니다. 바로 제가 그때 하늘에서 비친 빛으로 맹인이 되었던 사람입니다. 그때 저는 하늘에서 들려오는 음성을 들었습니다. '사울아, 사울아, 네가 어찌하여 나를 박해하느냐?' 저는 '주여, 뉘시니이까' 하고 여쭈었습니다. 그러자 그분이 '나는 네가 박해하는 예수라'라고 하셨습니다."

그리고 그 후에 일어난 일을 설명하려 하자 회중이 모두 일어서서 나에게 삿대질을 하며 소리쳤다.

"아니, 아니 더는 말하지 마시오. 듣고 싶지 않소. 회당장은 도대체 뭐 하시오? 저놈을 끌어내지 않고?"

회당장이 내게로 와서 "어서 나가시오. 잘못하다가는 몰매를 맞

고향 다소

게 될지도 모르오" 하고 말했기에 나는 미처 다 하지 못한 말 때문에 답답한 마음을 안은 채 그곳을 빠져나왔다.

그곳을 나오면서 나는 주님께 기도드렸다.

"오, 주님, 제가 주님의 제자들을 박해했던 그 벌을 그대로 받고 있습니다. 그러나 그보다 저들에게 끝까지 주님을 전하지 못한 것이 더욱 답답합니다. 오, 나의 동족인 저들을 어떻게 해야 합니까?"

그러자 주님의 부드러운 음성이 들려왔다.

"아무것도 염려하지 마라. 이 안디옥에 구원받을 영혼이 많으니라. 그리고 이곳은 너의 선교의 전초기지가 될 장소다."

나는 이 말씀에 큰 위로를 받고 거리에 서 있는 사람들에게 "주 예수를 믿으십시오. 그러면 당신과 당신의 집이 구원을 받게 됩니다."라고 복음을 전한 뒤 다시 고향 다소로 발걸음을 옮겼다. 고향에는 70세가 다 되신 부모님과 두 남동생, 여동생이 살고 있었다. 세 동생도 모두 결혼하여 자녀들이 있었다. 그들은 모두 아버지 곁에서 살면서 아버지의 가업을 이어가기도 하고, 그 가업과 비슷한 사업들을 하며 살아가고 있었다.

나 역시 결혼을 했지만 3년이 지나도록 아이가 생기지 않았다. 아내의 아버지 역시 철저한 바리새인이요 산헤드린 회원이었다. 내가 가말리엘 문하에 있을 때, 아내의 아버지가 나를 어여쁘게 보고 자기 딸을 소개해 주었다. 바리새인이 되려면 결혼해야 했기에 나도 스승의 말에 순종하여 그녀와 결혼했다. 이 결혼은 우리의 사랑으로 이루어진 것이 아니라 장인의 정략적 계획에 의해 이루어진 것이었다. 우리 두 사람은 아이도 없이 부부로서 의무적으로 살아왔다.

그러던 중 다메섹에 나와 함께 갔던 옛 동료들이 예루살렘으로 돌아가서 대제사장과 바리새인들에게 내가 회당에서 예수를 하나님의 아들이라고 외쳤다고 보고하였다. 장인은 당장 자기 딸을 집으로 불러들여 이혼하게 했다. 원래 이혼은 남편이 아내에게 이혼증서를 써줌으로 성립되는 것이지만, 이런 경우에는 딸의 아버지의 증언만으로도 이혼이 성립된다. 나는 이 소식을 다메섹에서 처음 쫓겨나기 전, 아나니아에게서 들었다. 아나니아는 예루살렘을 오가는 다른 제자들에게서 이 소식을 듣고 나에게 알려주었다. 나사렛파들을 박해하는 유대인 사회에선 가족 중에 누군가가 예수를 믿게 되면 그를 가족에서 내쫓고 장례를 치러 버린다. 그러기에 예수 믿는 사람들은 더 이상 유대 사회에서 살아갈 수가 없다. 아내도 범죄자 예수를 하나님이라고 떠들며 다니는 사람은 더 이상 자기 남편이 아니라는 전갈을 보내왔다. 나는 이미 각오하고 있었으므로 그리 놀라지 않았으나 그래도 마음 한구석에 쓰라림이 있었고 며칠 동안은 아픈 마음으로 지냈다. 그러나 주님을 만난 감격이 너무도 커서 얼마 지나지 않아 마음의 평정을 되찾을 수 있었다.

그런데 아내로부터 이혼을 당하고 난 후 생각해 보니 나의 경우 독처하는 것이 훨씬 나았다. 내 삶을 온전히 주님께만 바칠 수 있었기 때문이다. 결혼하면 아내를 기쁘게 해주어야 하는 책무가 오직 예수님만 기쁘시게 해드리고 싶은 나의 목표에 걸림이 된다. 나의 이전 삶을 돌아볼 때, 아내와 다른 가족이 없었기에 나는 더 자유롭게 선교를 다닐 수 있었고 매 맞음과 옥에 갇힘과 수많은 어려움을 견딜 수 있었던 것이다. 만약 아내와 자녀들이 있었다면 내가 당한 그 끔찍한 박해를 어떻게 그들이 감당할 수 있었겠는가? 또한 나는 그 누구에게도 구속받는 것없이 온전히 예수님만을 향해 살아갈 수 있는 지금의 자유를 주신 주님께 감사하다.

> "장가가지 않은 자는 주의 일을 염려하여 어찌하여야 주를 기쁘시게 할까 하되 장가간 자는 세상 일을 염려하여 어찌하여야 아내를 기쁘게 할까 하여 마음이 갈라지며"(고전 7:32-33).

내가 성경에 이렇게 쓴 것은 결혼을 했던 나 자신이 늘 아내를 기쁘게 해주기 위해 노심초사했던 경험이 있었기 때문이다. 솔직히 결혼 생활은 자유를 갈구하는 나를 속박했기 때문에 이혼으로 인해 마음 한쪽이 아프긴 했으나 새롭게 펼쳐진 자유의 세상에서 나는 기지개를 활짝 펼 수 있었다. 이제 나의 주인은 오직 예수 그리스도 한 분밖에 없다. 난 오롯한 그분의 종이고 싶다. 다른 인간이나 세상의 헛된 명예나 부귀는 내게 아무런 의미가 없어졌다.

다만 한 가지, 부모님은 나의 이런 처지를 가장 마음 아파하실 것을 알았기에 그것이 마음을 쓰라리게 했다. 그분들이야말로 나의 학문과 출세를 위해 모든 뒷바라지를 다 해오신 분들이다. 내가 바리새인이 되고 산헤드린 회원의 딸과 결혼하였을 때 얼마나 기뻐하셨던가? 바리새인이셨던 아버지는 나를 가말리엘 문하로 보내실 때 내가 유대의 전통과 율법, 학문을 잘 배워 조국을 위해 무언가 걸출한 일을 해주기를 간절히 원하셨다. 그런데 아버지의 모든 소원이 다 이루어졌다고 생각하는 그 순간, 모든 것이 와르르 무너지는 것을 보고 얼마나 마음 아파하셨을까? 그런 부모님이심을 알기에 나도 인간적으로는 깊은 아픔을 느끼고 송구한 마음이다.

그러나 결국 부모님도 예수 그리스도로 말미암아 구원받으셔야 할 분들이다. 진정 우리의 소망은 이 땅이 아닌 저 영원한 천국에 있기 때문이다. 그 천국은 이 땅에 잠시 있다 사라질 명예나 부귀 같은 것과는 비교할 수가 없다. 삼층천까지 갔다 온 나는 그 어느 곳 보다 그곳을 향한 간절함으로 마음이 출렁인다.

그러기에 부모님과 골육 친척들을 향한 나의 영의 아픔은 그 어떤 인간적인 아픔과도 비교할 수 없는 것이다.

> "나의 형제 곧 골육의 친척을 위하여 내 자신이 저주를 받아 그리스도에게서 끊어질지라도 원하는 바로라"(롬 9:3).

로마의 성도들에게 써 보냈던 이 글은 진정한 나의 마음을 표현한 것이다. 예수 그리스도를 떠나서는 구원이 없는 줄 알기에 나의 부모, 형제, 친척, 나아가 모든 이스라엘 백성을 향한 나의 마음은 불붙는 듯하다. 그들을 구원할 수만 있다면 나 자신이 저주를 받아 영원히 불타는 지옥에 간다 해도 기꺼이 당하고 싶은 심정이다.

부모님은 내가 돌아온 것을 두 팔 벌려 환영해 주셨다. 우리 가정에서 가장 기대했던 아들이었기에 그분들은 누구보다 나를 사랑해 주셨다. 내가 돌아온 것을 알게 된 동생들과 그 가족들도 모두 한달음에 달려와 나를 부둥켜안고 기뻐해 주었다. 나 또한 그들을 힘껏 안으며 혈육의 정을 깊이 느꼈다. 가족이란 얼마나 그리운 존재인가! 아무리 멀리 떨어져 있어도 서로의 피가 부른다. 그것은 어떤 공동체보다 가장 밀접하게 얽혀 있는 관계다. 눈에서 눈물이 솟구쳤다.

그리고 이 사랑하는 가족들에게 어서 예수 그리스도의 기쁜 복음을 전해야겠다는 열망이 불타올랐다.

나는 이방인이든, 유대인이든 모두에게 복음의 빚을 진 자다. 그러기에 만나는 모든 사람에게 예수가 그리스도이심을 전하지 않고는 견딜 수가 없었다. '예수를 믿음으로 그의 은혜를 힘입어 죄와 율법에서 해방되고 구원을 얻게 되는' 이 놀라운 복음을 어찌 나 혼자만 간직할 수 있겠는가?

예수님은 저 다메섹 도상에서 나에게 "네가 나를 본 일과 장차 내가 네게 나타날 일에 너로 종과 증인을 삼으려 함이니 이스라엘과 이방인들에게서 내가 너를 구원하여 그들에게 보내어 그 눈을 뜨게 하여 어둠에서 빛으로, 사탄의 권세에서 하나님께로 돌아오게 하고 죄 사함과 나를 믿어 거룩하게 된 무리 가운데서 기업을 얻게 하리라"라고 말씀하셨다. 예수님은 태초부터 나를 택정하여 이 복음을 이스라엘과 이방인들에게 전하도록 하셨다. 그리고 그분은 그 과정 중에 내가 어떤 고난을 받게 될지도 아신다. 나는 복음 전파를 위해 태어났고 고난받도록 예정되어 있었다. 그러기에 나는 이 복음 전함을 부끄러워하지 않는다. 이 복음은 생명을 구하는 하나님의 능력이 되기 때문이다.

어머니와 하인들이 부지런히 움직이고 있는 사이, 나는 욕실에 들어가 여행으로 지친 몸을 씻으며 휴식을 취했다. 어린 시절부터 익숙한 집에서 가족들의 따뜻한 환영을 받고 나니 집이 이처럼 큰 안식처라는 것이 새삼스레 느껴졌다. 행복했다. 집이란 이토록 좋은 것이구나! 시끌벅적한 세상에서 평안한 안식처에 앉아 있는 이 시간이 너무나 소중하게 여겨졌다.

그러나 이제 가족들에게 복음을 전해야 한다는 절실한 내면의 소리가 나를 벌떡 일어나게 했다. 몸을 씻고 새 옷으로 갈아입고 나온 나를 가족들 모두가 미소로 맞아주었다.

저녁 식사가 준비되려면 아직 몇 시간이 남아 있었다. 어머니는 식탁 위에 말린 무화과와 야자대추차를 내놓으시며 나에게 권했다. 아이들이 내게 "삼촌! 삼촌!" 하며 달려들었다. 나는 일일이 아이들을 안아주고 머리를 쓰다듬어 주었다. 그리고 부모님과 동생들 부부를 바라보았다. 어머니가 먼저 입을 여셨다. 언제나 인자하신 어머니의 얼굴에 약간 그늘이 지나가는 것 같았다.

"그동안 어디서 어떻게 지냈니? 혹시 힘든 일은 없었니?"

모두의 얼굴이 나를 향했다. 순간 그분들의 얼굴에 뭔가 걱정스러운 표정이 떠올랐다. 나는 천천히, 그러나 힘을 주어 말을 시작했다.

"네, 어머니. 저는 정말 행복하게, 기쁘게 지냈습니다. 하나님의 큰 은혜로 말입니다."

가족들의 표정이 약간 놀라는 듯했다. 나는 모른 척하고 이야기를 계속했다. 가슴이 마구 요동쳤지만 그건 두려움이나 걱정 때문이 아니라 기쁨이 넘쳤기 때문이었다. 이제야 이 기쁜 복음의 비밀을 나의 사랑하는 가족에게 전할 수 있는 시간이 왔다는 기쁨이었다.

"제 마음엔 기쁨이 넘칩니다. 그동안 제가 찾고 찾았던 생명의 진리를 찾았기 때문입니다."

그러자 부모님은 나를 뚫어져라 쳐다보셨다. 순간 나는 그 말이 그분들에게 도발적으로 들렸을지도 모르겠다는 생각이 들었다. 나는 목소리를 차분히 하여 조용히 '나의 기쁨'에 대해 설명했다.

"부모님께서도 아시다시피 저는 이곳 다소에서만이 아니라 가말리엘의 문하에서도 많은 공부를 했습니다. 그 공부의 궁극적 목적은 참된 진리와 우리의 생명 되신 하나님을 만나기 위해서였습니다. 그리고 그분이 제시하시는 율법을 온전히 행하고자 하는 열망 때문이었습니다. 그러나 사실 공부를 하면 할수록 저는 이 율법을 온전히 행할 수 없다는 절망적인 답만 얻을 뿐이었습니다. 그래서 예수와 그의 도당들을 박해했고 그들을 잡으러 다메섹까지 갔습니다. 그렇게 하면 하나님으로부터 잘했다 칭찬을 받지 않을까, 또는 율법을 온전히 지킬 수 없는 저를 하나님이 긍휼히 여겨 용서해 주지 않으실까 하는 기대 때문이었습니다. 그런데 그 도당들은 박해를 받으면서도, 아니 박해를 받으면 받을수록 더욱더 열심히 그들이 믿는 신앙으로 들어갔습니다. 저는 그들을 도무지 이해할 수 없었기에 더욱더 미워했습니다. 그래서 한 놈도 남겨두지 않고 모두 감옥으로 처넣으려고 했습니다. 그러다 다메섹까지 가게 되었던 겁니다. 다메섹에 있는 예수 도당까지 모두 잡아 감옥에 처넣고 싶었습니다."

가족들은 나의 입에서 나오는 한마디 한마디를 하나도 놓치지 않으려는 듯 열심히 듣고 있었다. 나는 특히 부모님의 태도에 감동을 받았다. 그분들은 처음부터 나를 나무라거나 충고하려 하지 않으시고 그저 열심히 경청만 하고 계셨다. 그 순간에는 그렇게 하는 것이 그분들께 가장 중요한 일이라도 된다는 듯이….

나는 다메섹 도상에서 일어난 일에 대하여 아주 작은 것 하나도 빠트리지 않고 다 말씀드리려고 세심하게 주의하면서 차근차근 말씀드렸다. 나는 심지어 그날의 날씨와 내 몸의 상태까지 말씀드렸다.

그날은 아주 청명했었다. 푸른 하늘에 태양이 밝게 빛나고 있었고 나는 어느 때보다 건강했고 자신만만했다. 나와 함께 가는 사람들도 마치 소풍이라도 가는 듯 약간 들떠 있었다. 우리는 예루살렘에서 이미 저들을 붙잡아 감옥에 처넣는 일에 익숙해져 있었다.

다메섹이 비록 이방 땅이긴 했지만 두려울 것은 없었다. 나는 그곳에 사는 우리 동족을 상대하기 위해 가는 것이었으니까. 유대인들, 그중에서도 유대 외의 지역에 살고 있는 우리 동족은 그들만의 상업 조합을 만들어 서로의 이익을 도모하고 있었다. 그렇게 하게 된 것은 이방인들이 길드라는 자기들만의 조합을 만들어 유대인들을 제외한 채 상권을 쥐고 있었기 때문이다. 유대인들도 살기 위하여 그들만의 조합이 필요했다. 말하자면 길드에 속할 수 없었던 유대인들의 필사적인 상업 라인이었던 셈이다. 그런데 예수 도당들은 길드는 물론 유대인의 상업 조합에도 들어갈 수 없었다. 그것은 경제적 생명 줄이 끊어지는 것이었다. 그럼에도 예수 도당들은 무엇에 미쳤는지 이런 큰 손실을 감내하면서까지 자기들끼리 뭉쳐 유대 사회를 교란하고 있다고 생각했다. 그리하여 나는 이들을 색출하여 예루살렘의 감옥에 잡아넣으려고 다메섹으로 달려갔던 것이다.

나는 가족들 앞에서 그때의 상황을 자세히 설명했다. 그리고 갑자기 하늘에서 번개 같은 빛이 비취면서 말에서 떨어져 땅에 엎드러지게 된 것, 예수님의 말씀이 들리고 눈이 멀게 된 일까지 모두 말씀드렸다.

어머니와 동생들이 아하 하며 한숨을 쉬었다. 원래 과묵하신 아버지도 그 순간 나를 향해 얼굴을 번쩍 드셨다. 나는 그들의 얼굴에서 안타까움과 사랑하는 아들과 오빠, 형을 염려하는 모습을 보면서 가슴이 뭉클해졌다. 그러나 나는 계속해서 예수님께서 내게 하신 말씀, 그리고 사람들 손에 이끌려 다메섹으로 가게 된 일, 예수님의 제자 중 한 사람인 아나니아를 만나 그의 안수를 통해 눈을 뜨게 되었고 그로부터 예수의 복음을 듣고 세례를 받은 사실까지 모두 털어놓았다.

한동안 침묵이 흐른 뒤 아버지가 무겁게 입을 여셨다.

"예수라는 이단 창시자가 백성을 소란스럽게 하다가 십자가에서 죽었고, 유대 지도자들은 그 도를 믿는 자들을 색출해서 잡아 가두기도 하고 재산을 빼앗기도 하던데 네가 그 도를 따르게 되었다니, 믿을 수가 없구나. 그러나 네가 눈이 멀게 되었다니, 그 지경이 되었다면 네가 그렇게 돌아서지 않을 수도 없었겠다는 생각도 든다. 정말로 그 예수라는 자가 너를 그렇게 만들었다면 말이다."

아버지는 말을 끊고 머리를 수그린 채 한참 대리석 바닥을 바라보고 계셨다. 그러더니 갑자기 머리를 번쩍 들고 물으셨다.

"그러면 앞으로 어떻게 할 작정이냐? 그리고 네가 그들에게서 세례를 받았다니, 그러면 어떻게 되는 거냐? 그리고 그 후에는 무엇을 하다가 이렇게 늦게서야 집으로 왔느냐?"

아버지는 온유하신 편이다. 비록 험한 세월을 사셨지만 자식들에게는 언제나 자비로운 분이셨다. 그런 분이긴 하지만 지금 하신 질문에선 그 내용보다 어투에서 굽힐 수 없는 엄정(嚴正)함이 느껴졌다.

"아버지, 제 자신이 그 도(道)를 따르는 사람들을 잡아 가두고 핍박했기 때문에 제가 이 도를 따르거나 전파하게 되면 저 또한 무섭게 박해받게 될 것을 분명히 알고 있습니다. 저는 이미 각오했습니다. 왜냐하면 이 도야말로 진리이며 생명이기 때문입니다. 아버지도 아시다시피 저는 언제나 진리를 위해 생명을 바치겠다는 신념으로 살아왔습니다."

아버지는 한숨을 쉬셨다. 어머니는 거의 울기 직전의 얼굴로 나를 바라보셨고, 동생들은 입을 벌리고 멍하니 있었다. 나는 속으로 잠시 기도한 후 말했다.

"아버지, 이 도는 참이며 예수는 우리가 그토록 기다리던 그리스도, 하나님의 아들입니다. 저는 그분으로부터 많은 증거를 받았습니다. 저는 아버지, 어머니, 그리고 저의 형제 모두가 저와 같이 예수님을 믿고 하나님의 자녀가 되시길 간절히 원하고 기도합니다."

나는 속으로 나의 간증으로 가족들이 큰 감동을 받도록 기도했다. 아버지는 나의 의지를 꺾을 수 없다는 것을 알게 되신 것 같았다. 동생들 부부는 호기심이 섞인 눈으로 나를 바라보았다. 그 도가 과연 그렇게 확실하며 예수라는 사람이 우리 조국 유대를 구원해 줄 수 있는 존재인가 하는 의문 섞인 얼굴들이었다.

저녁 식사는 간소하지만 맛있게 구운 빵과 소금에 간을 한 양고기, 신선한 꿀과 우유, 싱싱한 야채로 만든 샐러드 같은 음식이 나왔다. 식사 자리가 조금 무거워졌다. 그래도 아이들이 웃기도 하고, 특히 여동생이 나에게 많은 신경을 써주는 가운데 부드럽게 흘러갔다.

식사가 끝난 후 동생들은 잠시 시간을 보내다가 자기들 집으로 돌아가고, 거실에는 부모님과 나만 남았다. 내가 먼저 입을 뗐다.

"아버지, 어머니, 제 말에 충격받으셨지요?"

내가 부모님의 안색을 살피며 여쭈었다. 두 분은 잠시 조용히 침묵을 지키셨다. 잠시 후 아버지가 무거운 입을 떼셨다.

"사돈어른께서 너희 부부를 이혼시키고 너의 장례를 치르셨을 때, 온 예루살렘이 시끄러웠다고 들었다. 나와 네 어머니의 마음이 어떠했겠느냐? 그러나 우리는 너를 믿었지. 네가 어떤 사람이냐? 어릴 때부터 하나님의 율법과 함께 자라지 않았니? 우리는 바리새인 가문이고 너 또한 가말리엘 문하에서 공부했으니 네가 아주 변심했다고는 믿고 싶지 않았어. 그런데 네가 그토록 확고하게 말하는 것을 보니 내가 너무 너를 믿었나 보다. 그렇지만 난 너의 말과 결정을 존중한다. 너를 잘 알기 때문이다. 네가 섣불리 그런 엄청난 결정을 할 사람이 아니란 것을 알기 때문이지. 무엇보다 네가 맹인이 되었다가 다시 보게 되었다니…. 할 말이 없구나. 다시 한번 더 말하지만 우린 너를 믿는다. 네가 확신하고 추진하려는 일을 하거라. 그러나 나와 네 어머니에게는 네가 말하는 그 예수의 이름을 더는 말하지 않기를 바란다."

아버지는 아까와는 다른 표정으로 말씀하셨다. 식사하면서 여러 면으로 많이 생각하신 것 같았다. 언제나 나를 믿어주시는 부모님이시다. 나는 내 내면의 고민, 즉 하나님과 나, 율법에 대한 나의 고민과 갈등 외에는 세상에 무서운 것이 없었다. 그만큼 부모님은 나를 믿어주셨다. 이런 부모님 덕분에 나는 세상에 대하여 당당했고, 삶에 대해서는 긍정적이었고 그 누구에게도 주눅 들지 않았다. 내가 이처럼 담대하게 살아갈 수 있도록 믿어주고 밀어주시는 부모님을 향한 커다란 사랑이 마음속에서 뭉게구름처럼 피어올랐다.

"아버지, 정말 감사합니다. 지금 저에게 가장 필요한 후원자는 하나님 외에는 아버지와 어머니이십니다. 이렇게 저를 믿어주시니 감사해요. 그런데…저는 저 혼자 이 도를 믿는 것으로 끝나는 게 아니라 제가 사랑하는 부모님과 형제들도 함께 믿어 하나님의 자녀가 되기를 간절히 바라고 기도하고 있습니다."

"아, 아니다. 난 아직 마음의 준비가 안 됐다. 이곳에도 벌써 이 도에 대한 소문이 나서…. 만약 내가 이 도를 좇는다면 우리 유대인 상조회에선 더는 그 누구도 나를 상대하려 하지 않을 거다."

아버지는 이곳 유대인 상조회 회장으로 여러 유대인 사업가를 위해 일하고 계신다. 그러했기에 아버지의 이런 염려와 반발은 각오하고 있던 바였다. 나 또한 그 문제에 대해 생각해 보지 않은 것은 아니다. 만약 아버지가 예수 도당이 된다면 아버지가 공들여 키워온 기업도 망하고 우리 가족은 뿔뿔이 헤어져야 할지도 모른다. 나 또한 유대인으로서 이 도당들을 박해하지 않았던가? 그 이유를 이해하지 못할 바 아니다.

나는 시간을 두고 매일 조금씩 가족들에게 성경에서 말씀하신 그리스도에 관한 이야기를 나누며 가족들을 주 예수의 품 안으로 들어오게 해야겠다고 생각했다. 나는 이곳에서 아버지 일을 도우며 기도와 성경 공부에 전념할 생각이다. 아, 고향으로 돌아오니 참 좋다.

요나단

사울은 고향인 다소에서 약 9년을 보냈다. 이 기간은 사울의 영적 터닝포인트 후에 필수적으로 따라온 영적 수습 시간이라고 할 수 있을 것이다. 그의 나이 이제 서른넷, 그동안 그의 영과 혼을 지배했던 영적 우주관이 완전히 무너지고 새로운 지평을 향해 나아가야 하는 시간, 그는 여기저기 물으러 다니지 않고 하나님께 기도하며 말씀을 묵상하고 연구했다. 그의 계획 안에는 가족들의 회심도 중요한 부분을 차지하고 있었다. 그의 아버지가 공개적으로 예수를 믿기는 힘들었다. 하지만 꾸준히 집에서 말씀을 나누고 함께 이야기를 나눈다면, 성령의 도우심으로 반드시 예수가 그리스도이심을 믿게 될 것이라고 사울은 생각했다. 사울은 이 믿음을 한 번도 잊은 적이 없었다.

사울의 천막 만드는 기술은 매우 뛰어났다. 그는 아버지의 공장에서 천막 만드는 일을 거들어 드리면서 부모님께 자신이 체험한 예수와 함께 성경을 인용하여 예수가 하나님의 아들이 될 수밖에 없음을 증명하려고 노력했다. 그러나 다메섹에서 담대히 복음을 전했던 것과는 달리 다소에서는 주로 이방인들에게 조용히 복음을 전했다. 유대인들에게는 특별한 경우가 아니면 복음을 전하지 않았다. 그것은 예루살렘 성전에서 주님이 직접 하신 말씀 때문이었다. "내가 너를 이방인에게로 보내노라." 또한 무조건 복음을 전하는 것보다 한 발짝 물러서서 자신의 영적이면서도 인격적인 성숙을 위해, 그리고 하나님과 더욱 친밀한 시간을 갖기 위해 노력하기로 했다.

어느 날, 사울이 가장 사랑하는 동생 요나단이 사울을 찾아 아버지 집으로 왔다. 요나단 또한 아버지의 뜻을 받들어 가말리엘 문하에서 공부했지만 1년쯤 하다 그만두고 고향으로 돌아왔다. 그는 율법 공부에 전념하던 사울과 달리 조금 반항적인 기질이 있었다. 이러한 요나단을 아버지는 염려했다. 그러나 사울은 동생의 그런 면을 더 사랑했다.

요나단은 사울이 집으로 돌아온 첫날, 형 사울로부터 들었던 예수라는 사람에 대해 호기심을 갖게 되었다. 그도 사람들이 하는 이야기 속에서 예수라는 사나이가 스스로 하나님의 아들이라고 떠들다 십자가 처형을 받고 죽었다는 내용을 알고 있었다. 그런데 평소 마음으로 우러러보던 형이 바로 그 이단자의 추종자가 되었다니, 그날 분명 형이 회심하게 된 동기를 듣긴 했지만 뭔가 석연치 않았다. 그날은 가족 모두가 있는 자리라 조심했지만 언젠가는 형에게서 직접 더 자세히 들어야겠다고 생각하던 중이었다.

그러다 사울이 고향으로 돌아오고 약 보름이 지난 어느 날, 요나단은 오전에 해야 할 일들을 처리하고 오후에 아버지 집을 찾았다. 지금쯤 아버지 가족들은 점심 식사 후 조금 한가한 시간을 보내고 있을 것이었다. 아버지 집은 요나단의 집에서 약 3킬로미터가량 떨어진 곳에 있었다. 그 동네는 비교적 부유한 사람들이 사는 곳으로 거리에는 일꾼들이 부지런히 다니며 주인을 위해 일하고 있었다. 말과 나귀를 손 보는 종들, 무거운 짐을 지고 가는 사람들, 물동이를 이고 가는 여종들….

요나단은 사람들이 움직이는 모습을 마치 눈에 담아두기라도 하듯 주의 깊게 바라보며 걸었다. 그는 권위에 대해 약간 반항적인 기질을 가지고 있는 사람이었다. 자신은 부유한 가문에서 부족함 없이 자랐지만 로마의 압제를 받고 있는 동족에 대한 아픔과 자신도 어차피 로마의 식민 백성이라는 뼈저린 자의식이 때로는 돌출행위로 나타나기도 했다. 그렇기에 자신이 하나님이라며 사람들을 미혹하던 예수라는 사나이가 십자가 처형으로 비참하게 죽었다는 소문을 들었을 때 무언가 호기심이 일었다. 왠지 그는 전에 가끔 사람들을 미혹하던 사람과는 다른 사람 같았다. 얼떨결에 들었지만 그 예수라는 사람이 물고기 두 마리와 보리떡 다섯 개로 몇천 명이나 되는 사람들을 먹였다고 했다. 도무지 믿기지 않는 일이라서 허허 웃고 지나쳤는데 갈릴리 바다 위를 걸었다거나 죽은 사람을 살렸다는 말까지 들었다. 그뿐 아니라 그 예수는 세리와 창녀 같은 사람들과 친하게 지내면서 바리새인들을 향해서는 회칠한 무덤 같은 위선자라고 책망하고, 마음이 가난한 사람은 복이 있다는 말도 안 되는 이상한 철학을 가르쳤다는 것이다.

'이상한 점이 분명히 있기는 하지만 왠지 어딘가 나와 상통하는 점이 있는 것 같단 말이야. 무엇보다 세상에서 천대받는 세리나 창녀 같은 사람들을 동등한 인간으로 대해 주었다니까 어떤 면에선 멋있는 사나이가 아닌가…. 정말 그는 어떤 인물이었을까?'

그런데 형 사울이 갑자기 바리새인이라는 자랑스러운 지위를 버리고 그 사나이를 추종한다는 소문이 들려왔다. 그럴 리가 없어. 요나단은 자신의 충동적인 성격 때문에 저 이단아 예수와 막연히 어떤 연대 의식을 갖는 것과는 별도로, 형 사울이 예수를 좇는다는 것에는 찬성할 수 없다고 생각했다. 형은 나와는 완전히 다른 사람이 아닌가. 자신은 이리저리 잘 흔들리고 그래서 아버지의 강요로 가말리엘 문하에 들어갔다가 도로 고향으로 돌아와 장막 만드는 일을 하고 있지만, 형은 한 번 옳다고 여기는 것은 끝없는 인내를 가지고 그 길을 가는 사람이다. 궁금한 마음에 형을 어서 만나고 싶었으나 그동안 어디에 가 있는지 알 수가 없었다. 그런데 3년 동안 소식이 없던 형이 갑자기 돌아왔다.

오랜만에 본 형은 정말 많이 변해 있었다. 전에는 단단한 어깨에 힘을 주고 날카롭게 번쩍이는 눈매에 조그만 실수라도 눈에 띄면 용서 없이 지적할 것 같던 형이었다. 한없는 존경심으로 우러러보기는 했지만 두려움의 대상이기도 했다. 어쩌면 안 보는 게 속이 편할 정도였다. 부모님조차 형을 자랑스럽고 뿌듯하게 여기면서도 정작 마주 대하면 어려워하셨다.

그런데 이번에 만난 형은 예전의 그런 모습은 온데간데없고 모진 풍파를 견디고 돌아온 낡은 배처럼 그렇게 겸손해져 있었다. 허름한 옷차림도 그런 형의 모습을 더욱 다르게 보이게 했다. 그러나 형의 얼굴에서는 뭐라 말할 수 없는 빛이 뿜어져 나오고 있었다. 그 빛은 날카롭게 찌르는 빛이 아니고 주위를 부드럽게 감싸는 온유한 빛이었다. 날카롭던 눈매는 사라지고 대신 부드러운 눈꺼풀이 미소를 짓고 있었다. 이제는 형의 품에 덥석 안겨도 될 것 같았다. 무언가 사람을 끄는 형의 모습에 요나단은 어서 빨리 형을 만나고 싶었다. 그리고 다시 한번 그 이상한 사나이 예수에 대해 듣고 싶었다. 형은 예수를 만났다고 했다. 예수는 죽었는데 빛 가운데 형에게 나타났다고 한다. 그리고 형에게 사명을 주었다는 것이다. 요나단은 그 사명이라는 것이 마음에 안 들었다. 도대체 말이 안 되는 것 같았다. 그것은 형을 사지(死地)로 내몰겠다는 뜻이 아닌가. 뭐 자기를 위해 얼마나 고난을 받게 될 것인지 알게 될 인물이라고? 그것만은 절대로 받아들일 수 없다!

 요나단은 형을 어려워했지만 사랑했다. 자신은 비록 가말리엘 문하를 뛰쳐나와 평범한 생업에 종사하고 있지만 형만은 예루살렘의 종교 지도자가 되어 로마의 학정에 시달리는 동족을 위해 위대한 일을 해주기를 간절히 바랐었다. 그런데 이게 뭐란 말인가?
 요나단은 빠른 걸음으로 아버지 집을 향해 걸어갔다. 마침 두꺼운 강철로 된 대문이 열리고 하인이 무엇인가 짐을 지고 나오는 중이었다. 그는 하인에게 형 사울이 집에 있느냐고 물었다.
 "아, 작은 주인님은 도서관에 가신다며 얼마 전에 나가셨습니다."
 하인이 대답했다. 그럴 줄 알았다. 형의 학자 기질은 어딜 가도 바뀌지 않는다. 그는 집 안으로 들어가 어머니께 인사를 드리려다가 발걸음을 돌이켜 도서관을 향해 걸어갔다. 도서관은 부모님 집에서 좀더 북쪽으로 1.5킬로미터가량 떨어진 곳에 있었다. 부유층들은 대개 지식인들이었고 도서관은 그들이 사는 곳에서 멀지 않은 곳에 있기 마련이었다. 특히 다소의 도서관은 소아시아에서 안디옥 도서관에 버금가는 큰 도서관이었고, 책만이 아니라 작은 공연장까지 갖추고 있어서 이 공연장에서 여러 철학자들이 자신들의 지식을 뽐내기도 했고 시를 읊거나 춤과 노래를 자랑하는 사람들로 항상 붐비는 장소였다.

요나단이 도서관 공연장에 도착했을 때도 마침 스토아학파를 자처하는 시인인지 철학자인지 알 수 없는 한 사나이가 연단에 올라 큰 소리로 시를 읊는 중이었다.

"오~ 바람이여, 내 영혼의 신이여! 내 마음을 어루만지고 내 영혼을 미소 짓게 하는 그대여!"

사람들은 그를 둘러싸고 고개를 끄덕이기도 하고 작은 한숨을 쉬기도 하며 그의 시를 경청하고 있었다. 요나단은 그의 감상적인 목소리를 들으며 책들이 있는 도서관으로 직행했다.

도서관은 입구에 두 사람의 경비가 서 있을 뿐 고요한 정적만이 흐르고 있었다. 요나단은 경비에게 자신의 신분을 밝히고 이곳에 있을 형 사울을 보러 왔다고 말했다. 당시에는 책 한 권도 엄청나게 비쌌기에 경비가 삼엄했다. 그럼에도 경비들은 요나단과 그 가족들의 명성을 알고 있었던 터라 순순히 들여보내 주었다.

사울을 찾기는 어렵지 않았다. 그는 책과 두루마리들이 가지런히 꽂혀 있는 책장들 제일 끝에 자리를 잡고 앉아 있었다. 그는 신명기의 말씀과 주석이 기록된 두루마리를 펼치고 열심히 읽고 있었다. 로마인들이 세운 도서관에는 세상의 온갖 책이 모여 있었지만 유대 문서는 그리 많지 않았다. 성경과 함께 웬만한 책은 유대인들의 회당에 이미 준비되어 있기 때문이다. 그럼에도 이 도서관에는 모세오경 두루마리가 비치되어 있었다. 로마의 지식인들은 이스라엘의 법 조항이 고대 바벨론의 함무라비 법전에 버금가거나 심지어 그보다 더 정교한 법전이라고 생각했다. 그들은 유대인들이 지금은 비록 로마의 압제를 받고 있지만 전통과 법률, 문화에서 자기들보다 앞서 있다는 것을 알고 있었다. 그러기에 유대 종교 지도자들에 대하여 함부로 하지 못했고, 예수님이 살아계실 때나 그 후에도 백부장이나 고넬료 같은 로마 관료들이 예수님과 사도들에게 경의를 표했던 것이다.

요나단은 머리를 숙이고 열심히 성경을 읽고 있는 사울 곁으로 가서 조용히 불렀다.

"형!"

"오, 요나단! 웬일이야?"

"형님이 보고 싶어서 왔지요."

요나단은 약간 어리광 부리듯 웃으며 형 옆에 앉았다.

"응! 그래, 잘 왔다."

사울은 요나단의 손을 잡고 잠시 흔들다 주위를 둘러보았다.

"여기가 책 읽기는 좋은데 얘기를 나누기에는 적당하지 않은 것 같은데…우리 나갈까?"

"그래요."

사울은 읽던 두루마리를 제자리에 꽂아놓고 요나단과 함께 밖으로 나왔다. 아까 시를 읊던 사람이 지금은 시를 끝내고 강의를 하고 있다.

"내가 읊은 시에서 바람이란 무엇을 뜻할까요?"

사람들은 서로의 얼굴을 바라보다 시인을 바라보다 했다.

"바람이란 우리 영혼을 흔드는 보이지 않는, 그리고 세상을 흔드는 영원한 존재란 말입니다! 그것은 없는 듯하면서도 확실히 있고 세상에 생명을 주고 꽃과 나무를 자라게 하며 우리의 생명에 호흡을 주는 것이며, 그것 없이는 세상에 생명도 있지 않게 되며…."

바울과 요나단은 그들을 뒤로하고 도서관을 나왔다. 도서관 밖에서도 사람들이 부산하게 움직이고 있었다. 그들은 잠시 어디로 갈지 생각했다. 요나단이 이마를 찡그리며 잠시 생각에 잠기는 듯하더니 "형님, 우리 집으로 갈까요?" 했다. 어디 마땅히 갈 만한 곳이 있는 것도 아닌 데다 요나단은 오늘 형과 담판을 지어야겠다고 생각했기에 긴 시간 함께 있기에는 자기 집보다 더 좋은 곳은 생각할 수가 없었다. 집엔 아내와 두 아이가 있었다. 하지만 서재에 있으면 누가 방해하지 않는다. 그리고 형이 없는 동안 열심히 가꾸었던 집을 형에게 보여주고 싶기도 했다. 아버지 집만큼은 아니지만 그래도 요나단으로선 자랑할 만한 집이다.

"그래, 그게 좋겠네."

사울 역시 동생한테 복음을 전할 기회를 찾고 있었다. 그러므로 오늘처럼 요나단이 나타나 준 것이 여간 고마운 것이 아니었다.

그 둘은 요나단이 도서관까지 왔던 길이 아닌 지름길을 통해 요나단의 집까지 갔다. 다섯 살, 네 살 된 딸과 아들이 사울에게 달려와 "삼촌! 삼촌!" 했다. 아버지 집에서 딱 한 번 보았을 뿐인데 보름이나 지난 지금도 자신을 기억하고 있는 아이들이 귀엽고 고마워 사울은 한 아이씩 공중으로 번쩍 안아 올렸다가 내려놓았다. 아이들이 깔깔거리며 좋아했다. 요나단의 아내가 사울을 향해 미소를 지으며 인사했다.

사울도 맞받아 가볍게 인사를 나눴다. 요나단은 자기 아내에게 차를 준비해 줄 것을 부탁하고는 앞장서서 서재로 들어갔다. 사울도 그의 서재로 따라 들어갔다.

그 서재는 사무를 보는 방이기도 하고 일 관계로 사람들이 들락거리기도 하기에 서재라기보다 일터 같은 분위기였다. 천막과 융단의 모형 그림들이 책상 위에 펼쳐져 있었다.

사울과 요나단은 각자 의자에 앉아 서로를 바라보았다. 요나단은 사울과 세 살 터울의 동생이지만 가정을 꾸리고 사업을 해서인지 사울보다 연장자처럼 보였다. '이제는 이 동생을 옛날처럼 막 대할 수 없겠구나!' 사울은 옛날이 그리운 듯 잠시 상념에 잠겼다. 아주 어릴 땐 항상 "형! 형!" 하며 따라다니던 동생이 열대여섯 살이 되면서부터 조금씩 말대꾸를 하고 아버지께도 툴툴거리기 시작했다. 가말리엘 문하에서도 스스로 나와 고향으로 내려와 버렸다. 부모님의 충격은 매우 컸다. 사울이 워낙 부모님의 말씀대로 충실히 살았기 때문에 요나단도 당연히 그렇게 충실히 바리새인의 길을 갈 것이라고 기대했는데 그 기대가 무너지니 어쩔 줄 몰라 하셨다.

그러나 요나단은 영혼을 조여오는 율법에 대해 못 견뎠을 뿐 현실적인 삶을 외면했던 것은 아니었다. 그것을 알았던 아버지는 이 아들에게 자기처럼 천막과 융단 제조와 상업에 대한 지식을 가르쳤다. 요나단은 스물세 살이 되자 곧 결혼했고 상업적인 면에서도 어느 정도 기틀을 잡아가고 있었다. 어릴 때의 반항심 같은 것도 거의 가시고 한 여자의 남편이요, 두 아이의 아빠답게 듬직한 모습으로 변했다. 사울은 이런 동생의 자유분방함이 밉지 않았다. 그것이 자유라면 그렇게 해보는 것도 딱히 나무랄 일은 아니라고 생각했다.

"사실 형님을 만나러 아버지 집에 갔었어요. 단도직입적으로 부탁하는데 오늘 형님의 진심을 조금도 숨기지 말고 다 말해 주세요."

평소처럼 그는 똑 부러지는 태도로 사울에게 말했다. 이런 면에선 사울도 요나단 못지않았다. 이 형제들은 어설프게 둘러 말하는 것은 딱 질색인 사람들이었다. 사울도 동생의 요구에 흔쾌히 응했다.

"나도 너와 동감이다. 내가 언제 너에게 진심이 아닌 말을 한 적이 있었니?"

"맞아요. 그래서 형님을 믿고 부탁하는 거예요."

그때 제수가 넓은 쟁반에 말린 과일과 꿀을 넣고 빚은 떡 과자, 계수나무 잎사귀로 우려낸 차를 가져왔다. 그녀는 사울을 향해 엷은 미소를 짓고 고개를 까딱했다.

"제수씨, 고맙습니다. 우리 얘기 끝나면 곧 거실로 나가겠습니다."

"네, 저녁까진 한참 걸리니까 마음껏 말씀 나누세요."

그녀가 나가자 요나단이 다시 질문했다.

"형이 다메섹으로 가는 도중 그 예수라는 사람을 만났다는 것은 이해가 되는데, 형처럼 꼼꼼하고 성경을 잘 아는 사람이 그렇다고 어떻게 하루아침에 그 예수라는 사람을 따를 수가 있는 거죠? 무슨 환상을 봤다 해도 그 환상이 전부는 아니잖아요? 형이 지금껏 쌓아 올린 학문과 바리새인이라는 직위도 있잖아요? 아버지의 입장은 생각해 보셨어요? 나야 뭐 원래 그런 아들이었으니 이렇게 살아도 별

신경 쓰지 않으셨겠지만 지금 아버지의 마음이 어떠시겠어요? 어떻게 형은 자기 생각만 해요? 도대체 그 하늘에서 들려왔다는 소리와 맹인이었다 다시 눈을 뜨게 된 것 말고 또 무엇을 근거로 그런 결정을 한 거예요?"

요나단은 심각한 표정으로 이마를 찡그렸다. '정말 이해할 수 없단 말이야.' 가끔 주위에서도 무슨 환상을 봤다느니, 천사를 만났다느니 하고 떠드는 소릴 듣기는 했다. 그러나 그는 반항심만 있는 것이 아니라, 매우 현실적이고 이성적인 사람이었기에 환상이나 천사들에 대한 말을 곧이곧대로 믿었던 적이 없었다.

사울은 잠시 눈을 감았다 떴다. 잠시 마음속으로 "주여, 도우소서!" 하고 기도했다. 요나단이 이처럼 격렬하게 자신을 비판하는 것이 자신을 깊이 사랑하기 때문임을 사울은 잘 알았다. 그리고 그의 질문이야말로 자신이 기다렸던 질문이었다. 사울은 천천히 입을 열었다.

"너와 함께 예수님에 대한 얘기를 나눌 수 있어서 정말 기쁘게 생각한다. 또 네가 나의 행동에 대해 의아하게 생각하는 것도 얼마든지 이해할 수 있어. 아마 내가 너였어도 그렇게 말했을 거야. 고맙다. 그렇게 열심히 이 형에 대해 염려해 주는 걸 보니 확실히 넌 이 형을 정말로 사랑하는 게 분명하구나!"

사울이 미소를 지으며 요나단을 바라보았다. 요나단은 쑥스러운 듯 목을 약간 움츠렸으나 형의 대답이 시원치 않을 경우를 대비해서 마음을 다잡았다.

"내가 예수님을 좇게 된 것은…."

잠깐 뜸을 들인 후 사울이 다시 입을 열었다. 다시금 그 광야에서의 시간이, 회개의 눈물과 눈부신 세상을 처음 본 것과 예수님의 품에 안겼을 때의 벅찼던 감정이 되살아나는 것 같았다. 이걸 어찌 알겠는가, 요나단이…. 그는 울컥 뜨거운 무엇인가가 가슴 저 밑에서 올라오는 것을 느끼며 따뜻한 눈으로 요나단을 바라보았다. 혈육의 정이 그의 가슴 가득히 차올랐다. 그는 그 감정을 지그시 누르며 다시 한번 되풀이해서 말했다.

"내가 예수님을 전심으로 따르게 된 것은 네 말대로 단순히 다메섹에서 예수님의 음성을 들었기 때문만은 아니야. 물론 그때의 경험이 도화선이 된 것은 분명해. 그 놀랍고 두려웠던 순간을 어떻게 표현할 수 있을까? 너무나도 강한 체험이었지. 그뿐 아니라 실제로 내 눈이 보이지 않게 되었잖아. 그것도 사흘 동안이나…. 난 깜깜한 흑암에 갇혀 있었지. 이처럼 확실한 증거가 어디 있겠어? 나는 사람들에게 이끌려 다메섹으로 갔는데 사흘간 밥도 못 먹고 물도 마시지 못했어. 그래, 난 아무것도 할 수 없었어. 난 그 캄캄함 속에서 그 두려운 목소리의 주인공에 대해, 하나님에 대해, 그리고 나라는 사람에 대해 깊이 생각하지 않을 수 없었어. 너도 알다시피 난 성경과 우리 장로들의 유전인 탈무드와 그 외의 모든 계명을 공부하고 바리새인이 되어, 그 엘리트 그룹 속에서 그들과 교제하면서 내 나름대로 훌륭한 스펙을 쌓느라 애를 썼지. 그리고 한편으론 천막을 만들기도 해서 늘 바빴으니 사실 나라는 사람이 어떤 사람인지에 대해 생각할 겨를이 없었어. 물론 나에 대해 생각을 전혀 안 했던 건 아니야. 난 내가 꽤 의롭고 지혜와 지식도 갖춘 아주 괜찮은 사람이라고 생각하고 있었어. 지금 생각하면 참으로 부끄러운 일이지만."

사울은 잠시 말을 끊고 차를 한 모금 마셨다.

"생각해 봐. 벼락처럼 하늘에서 들려온 소리와 눈부신 빛에 놀랐는데 또 앞이 안 보이는 캄캄한 나락으로 떨어졌을 때의 기분을…. 난 그 어둠 속에서 나의 무력함을 절실히 느끼게 되었어. 사실 난 아무것도 아니었어. 팔불출보다 못난 놈이었던 거야. 그런데 난 내가 무엇이나 된 줄 알고 한없이 교만했었지. 하나님께 나의 그런 교만이 얼마나 한심하게 보였을까. 그 사흘 동안 나는 점점 더 깊은 죄에 빠져 있던 나 자신을 깨닫게 되었고 뼈아픈 후회와 슬픔으로 견딜 수가 없었어. 아마 너라도 그랬을 거야. 사람이 그 지경이 되면 누구라도 그런 생각을 하지 않을 수 없을 테니."

사울은 다시 한번 차를 들이켰다. 요나단은 눈을 반짝이며 형의 말 한마디 한마디에 무슨 의미가 있는지 알아보려고 열심히 형을 바라보았다.

"그런데 너 예루살렘 성전에 가서 제사드린 때가 언제지?"

사울이 갑자기 엉뚱한 질문을 던졌다. 요나단은 갑작스러운 형의 질문에 약간 당황했다. 다소에 살며 사업을 하고 있는 요나단은 생각만큼 자주 예루살렘을 찾지 못했다. 하나님은 적어도 1년에 세 번은 성전에 와서 자신의 몸을 하나님께 보이라고 하셨다. 그러나 다소에서 예루살렘까지 가려면 정말 큰맘을 먹어야 했다. 율법에 특심한 아버지조차 1년에 한 번 유월절 외에는 예루살렘에 가지 못하신다. 요나단은 벌써 3년 넘게 가지 못했다. 요나단이 우물쭈물하자 사울은 개의치 않고 계속 말을 이어갔다.

"우리 유대인들은 성전에서 하나님께 제사를 드림으로 죄를 용서

받고 하나님께 복을 받는다고 생각하고 있어. 이 제사 제도는 하나님께서 우리 조상 모세를 통해 주신 법이지. 이렇게 제사를 드리기 위해선 제사드리는 사람이 자신의 제물이 될 짐승을 잡아 각을 뜨고 제사장과 또 아론의 계보를 따라 난 대제사장이 그 제물을 번제단에 올려 제사를 드려주어야 하지. 이러한 제사는 '육체의 생명은 피에 있음이라 내가 이 피를 너희에게 주어 제단에 뿌려 너희의 생명을 위하여 속죄하게 하였나니 생명이 피에 있으므로 피가 죄를 속하느니라'라고 하신 하나님의 말씀에 따라 행했던 제도였어. 생명은 생명으로 갚아야 하기에 죄를 지어 죽어야만 하는 나를 위해 다른 누군가가 대신 피를 흘려야만 했던 거지. 그래서 나 대신 흠 없는 양과 소가 피를 흘려야 했던 거야. 하지만 너도 알다시피 이러한 제사가 진정 하나님을 기쁘시게 해드리지 못했어. 하나님은 그렇게 짐승들을 죽이는 제사를 통해 우리의 죄가 얼마나 무섭고 끔찍한 것인지를 깨닫고 회개하고 돌이켜 온전히 하나님 말씀에 순종하는 사람으로 변화되기를 간절히 바라셨어. 그런데 우리가 변화되었니? 두루마리의 선지서들만 잠깐 훑어봐도 얼마나 많은 선지자가 백성들의 악을 지적하고 죄에서 돌이키라고 외쳤니? 그럼에도 백성들은 조금도 참회하는 기색 없이 오히려 드러내놓고 죄를 짓고, 심지어 그 선지자들을 죽이기까지 하지 않았니? 그러면서 소나 양을 번제단에 태워 죽이기만 하면 자신들의 죄가 용서되는 줄로 믿고 살았단 말이야. 그뿐 아니라 우리 조상들은 하나님을 완전히 외면하고 바알이나 아세라 같은 우상을 섬겼어. 하나님은 바로 이처럼 하나님을 능멸하는 마음을 가장 괴로워하셨어. 그래서 하나님께서는 이사야 선지자를 통해 '너희의 무수한 제물이 내게 무엇이 유익하뇨 나는 숫양의 번제와 살진 짐승의 기름에 배불렀고 나는 수송아지나 어린 양이나 숫염소의 피를 기뻐하지 아니하노라 너희가 내 앞에 보이러 오니 이것을 누가 너희에게 요구하였느냐 내 마당만 밟을 뿐이니라'라고 엄히 말씀하셨던 거야. 형식적으로 소나 양을 잡아 드리면서, 다른 한편으론 끝없이 하나님을 거역하며 다른 우상을 섬기는 우리를 하나님께서 어떻게 기쁘게 보시겠어? 마침내 하나님은 우리를 도우시던 손길을 거두실 수밖에 없었어. 결과는 어떻게 되었니? 우리나라는 멸망 당하고 조상들은 앗수르로, 바벨론으로 사로잡혀 가게 되었지. 그리고 말라기 선지자 이후 사백 년 동안 하나님의 선지자는 나타나지 않았어. 하나님은 말라기 선지자를 통해 '너희가 내 제단 위에 헛되이 불사르지 못하게 하기 위하여 너희 중에 성전 문을 닫을 자가 있었으면 좋겠도다 내가 너희를 기뻐하지 아니하며 너희가 손으로 드리는 것을 받지도 아니하리라'라고 말씀하신 것처럼 성전 문을 닫게 만드신 거야. 그럼에도 백성들은 예전보다 더 타락해 가고 있었고…. 너도 알다시피 마카비 제사장 시절에 하나님과의 관계가 잠시 회복되는가 싶었는데 그것도 잠시, 또다시 우리 민족은 하나님을 등지며 살지 않았느냐는 말이다. 이제 하나님은 짐승 제사로는 도저히 이 백성을 구원할 수 없다고 단정하셨어. 우리 중 그 어디에도 의인은 없고, 자신들의 죄를 깨닫는 자도 없고, 하나님을 찾지도 않고 다 치우쳐 함께 무익하게 되고 선을 행하는 자도 없는 것을 보시고 하나님은 한탄하실 수밖에 없었어. 이런 과거의 우리 조상들의 행적을 볼 때 동물의 제사나 모세의 율법으로 의롭게 될 수 있는 사람은 하나도 없다는 것이 밝혀졌어."

사울은 숨을 고르기 위해 잠시 말을 끊었다.

요나단은 형 사울이 눈에 열기를 가득 담고 열변을 토하는 것을 보며 이제는 자기가 아무리 말린다 해도 절대로 그 마음을 돌이킬 수 없겠다고 생각했다. 형을 설득하고자 찾아갔는데 그런 의욕이 자꾸 스러지는 것을 느꼈다. 그런데 지금 형은 무슨 말을 하려고 저러는 걸까?

"그건 말이야." 사울이 조금 목소리를 낮추었다. "백성들이 그처럼 계속 제물을 하나님께 갖다 바치면서도 죄의 사슬을 끊지 못했던 것은 근본적으로 우리에겐 하나님의 계명을 지킬 능력이 없기 때문이야. 솔직히 우리 속엔 하나님을 기쁘시게 할 만한 선이 하나도 있지 않아. 그래서 선을 행하기를 간절히 원하지만 그 원하는 선은 행하지 못하고 도리어 원하지 않는 악을 행할 수밖에 없는 거야. 그래서 하나님은 아벨을 죽인 가인에게 '죄가 너를 원하나 너는 죄를 다스릴지니라'라고 말씀하셨지만 가인은 그 죄를 다스리지 못하고 아벨을 죽이고 그 후손이었던 라멕은 살인을 하고도 마치 승리자인 양, 그 살인을 자랑하지 않았는가 말이야. 갈수록 죄가 더 쌓여갔고 그 죄에 무감각해졌다는 증거야. 이렇게 우리 안에 죄가 도사리고 있는 한 하나님은 우리의 제물을 기쁘게 받으실 수 없다고 하셨어. '너희 손에 피가 있으니 어찌 내가 너희 제물을 받을 수 있겠느냐'라고 하셨거든. 하지만 하나님의 계명을 온전히 지킨다는 것은 우리 힘으로는 도저히 할 수 없어. 그건 저 에티오피아 사람의 검은 피부를 아무리 좋은 비누로 희게 만들려 해도 할 수 없는 것과 같아. 사실 나 역시 다른 사람들이 보기엔 바리새인이요 학자로 하나님의 법을 지키기 위해 무던히 애를 썼지만 그 말씀을 온전히 지키려고 하면 할수록 내 안의 죄가 또다시 일어나 자기 멋대로 나를 끌고 가는 거야. 정말 그 고통은 영혼이 찢기는 것처럼 아픈 것이었어."

요나단도 자신이 자주 양심에 어긋나는 일을 저지르고 있다는 것을 느끼고 있었다. 하나님의 성전에 가는 일만 해도 계명을 벌써 몇 번이나 어겼던가? 무엇을 말해야 할지 망설이고 있는데 사울은 굳이 요나단의 대답을 기다리려 하지 않고 이야기를 계속했다.

"그래서 하나님께서 말씀하시길 '날이 이르리니 내가 이스라엘 집과 유다 집과 더불어 새 언약을 맺으리라'라고 하셨어. 만약 첫 언약이 아무 문제가 없었다면 하나님이 왜 또 다른 새 언약을 우리에게 주겠다고 하셨겠어? 그 새 언약이 무엇이겠어? 그것은 송아지와 염소를 드리는 것이 아닌 새로운 제사법을 우리에게 주시겠다는 거였어. 그 새로운 제사법이 무엇일 것 같니?"

요나단은 눈을 끔벅거렸다. '정말 짐승으로 드리는 제사 말고 다른 제사법이 또 있다는 말인가?' 이렇게 생각하는데 사울이 "너희 집에 두루마리 성경이 있지?" 하고 물었다. 요나단은 잠시였지만 가말리엘 문하에서 공부했기에 당연히 성경이 집에 있었다. 그중에 모세오경과 시편, 그리고 선지서 중에서는 이사야서를 가지고 있었다. 요나단이 "응, 다 있지는 않고…. 그런데 어떤 성경이 필요해?" 하고 물었다. 사울이 대답했다. "혹시 이사야서 있어?" "아, 그 책은 있지." 그러면서 요나단은 얼른 일어나 밖으로 나갔다가 두툼한 두루마리 성경을 옆구리에 끼고 들어왔다.

사울이 그 두루마리 성경을 폈다. 이사야 53장이었다. 저 아라비아 광야에서 눈이 번쩍 뜨이며 깨닫게 된 그 말씀이다. "자, 읽어봐." 사울이 요나단 앞으로 그 말씀을 내밀었다. 요나단이 읽기 시작했다.

"그는 주 앞에서 자라나기를 연한 순 같고 마른 땅에서 나온 뿌리 같아서 고운 모양도 없고 풍채도 없은즉 우리가 보기에 흠모할 만한 아름다운 것이 없도다 그는 멸시를 받아 사람들에게 버림받았으며 간고를 많이 겪었으며 질고를 아는 자라 마치 사람들이 그에게서 얼굴을 가리는 것같이 멸시를 당하였고 우리도 그를 귀히 여기지 아니하였도다 그는 실로 우리의 질고를 지고 우리의 슬픔을 당하였거늘 우리는 생각하기를 그는 징벌을 받아 하나님께 맞으며 고난을 당한다 하였노라 그가 찔림은 우리의 허물 때문이요 그가 상함은 우리의 죄악 때문이라 그가 징계를 받으므로 우리는 평화를 누리고 그가 채찍에 맞으므로 우리는 나음을 받았도다"(2-5절).

읽어가는 중에 무언가 요나단의 가슴을 치는 구절들이 있었다. 가말리엘 문하에서 공부할 때 요나단도 이사야서를 읽기는 했다. 그러나 이 말씀은 다른 예언서에서 이스라엘을 지칭하여 예언한 것처럼 자기 민족이 당할 고난을 예언한 것이라고만 생각했다. 그런데 지금 형 사울 앞에서 이 글을 읽다 보니 '누가 이렇게 고난을 당했단 말인가? 그 모든 고난이 우리를 위함이라고? 그럼 이스라엘을 위해 누군가 고난을 당한다는 뜻이 아닌가?' 하는 생각이 들었다. 요나단은 읽던 것을 멈추고 형을 바라보았다.

"형, 여기 이 사람이 누구지? 누군데 이런 고난을 당한다는 거야?

우리 이스라엘을 위해 누군가 고난을 당한다는 것 같은데…."

"그래. 궁금하지? 이제부터 내 말을 잘 들어봐."

사울이 대답했다. 이제부터 이 말씀에 담긴 엄청난 비밀을 사랑하는 동생 요나단에게 말하려니 사울의 가슴이 다시 뛰기 시작했다.

"여기 이렇게 고난을 받는 사람, 그는 이스라엘이란 나라가 아니고 한 사람이야. 그 사람은 바로 우리에게 오시겠다고 하신 그리스도, 즉 메시아야. 음… 그런데 먼저 말해두어야겠다. 여기서 말씀하시는 메시아가 바로 예수님이야."

사울이 이렇게 말하자 요나단이 눈을 크게 떴다.

"뭐, 뭐라고? 예수? 그, 형님 눈을 멀게 했다던 그 사람이 메시아라고?"

"그래. 그 예수님이 바로 우리가 기다리던 메시아였어."

"응? 뭐? 난 형님이 무슨 말을 하는지 도무지 모르겠네."

"요나단. 내 말 잘 들어. 넌 메시아가 어떤 분이라고 생각하니?"

"형, 솔직히 난 메시아에 대해서 그리 심각하게 생각했던 적이 없어. 모두 다 곧 종말의 때가 오고 우리 유대민족을 건져줄 메시아가 나타날 거라고 얘기하지만 난 어려서부터 하도 그런 얘기를 들어서인지 별로 심각하게 생각되지 않았어."

요나단이 심드렁하게 대답했다. 말라기 선지자 이후 400년 동안 선지자가 없었던 유다 땅에 언제부터인가 종말에 대한 이야기가 널리 회자되고 있었고 메시아가 곧 오시리라는 소문도 난무했었다.

"그래도 네가 평소 마음에 그리던 메시아, 막연하게라도 그리스도에 대한 그림이 있을 거 아니니? 그게 어떤 모습이냐고."

"응, 난 메시아가 오면 로마의 압제를 받는 우리 민족을 구해주고 우리의 삶이 풍족해지고 다시는 전쟁이나 압제 같은 것이 없는 평화의 시대가 올 거라고 믿어. 뭐 확실히 그렇다고 장담할 수는 없지만…. 이사야 선지자도 '무리가 그들의 칼을 쳐서 보습을 만들고 그들의 창을 쳐서 낫을 만들 것이며 이 나라와 저 나라가 다시는 칼을 들고 서로 치지 아니하며 다시는 전쟁을 연습하지 아니하리라'라고 예언하셨으니까."

요나단이 약간 빈정거리는 듯 성경을 암송하며 엷은 미소를 지었다.

"그럼 그렇게 우리를 구해주고 평화를 가져다주는 메시아는 어떤 모습일까?"

"응, 그러려면 아주 큰 능력과 권세가 있는 왕이나 장군이라야 하겠지. 로마 같은 강대국을 이겨낼 만한 아주 웅장하고 엄위한 모습이어야 하고."

"그러면 네가 지금 읽은 이 말씀에서 가리키는 모습은 메시아가 아니겠네?"

"그렇지. 어떻게 이처럼 연한 순 같고 고운 모양도 없고 풍채도 없는 사람이 메시아겠어?"

요나단은 사울이 무슨 말을 하고 싶어 하는지 다 알면서도 짐짓 모르는 체했다. 그런데 이런 요나단의 짓궂은 심사를 사울이 먼저 알아차렸다.

"그런데 요나단, 여기 이 말씀을 좀더 읽어봐. 우리, 하나님께서 하신 말씀이 무엇인지 좀더 확실히 알아보자."

하는 수 없이 요나단은 아까 읽은 곳에서부터 계속 더 읽어 내려갔다.

"여호와께서 그에게 상함을 받게 하시기를 원하사 질고를 당하게 하셨은즉 그의 영혼을 속건제물로 드리기에 이르면 그가 씨를 보게 되며 그의 날은 길 것이요 또 그의 손으로 여호와께서 기뻐하시는 뜻을 성취하리로다…나의 의로운 종이 자기 지식으로 많은 사람을 의롭게 하며 또 그들의 죄악을 친히 담당하리로다."

여기까지 읽자 사울이 손을 들었다.

"그래, 됐어. 자, 다시 한번 보자. 분명히 여기에 '그 영혼을 속건제물로 드린다'고 되어 있고, '나의 의로운 종이 자기 지식으로 많은 사람을 의롭게 하며 또 그들의 죄악을 친히 담당하리라'라고 되어 있지?"

"…."

"요나단, 그동안 우리는 메시아가 우리 민족이나 개인의 먹고 사는 문제나 전쟁을 막아주는 문제를 해결해 주기 위해 오시는 분이라고만 생각했어. 그가 오시면 우리 유대가 로마로부터 해방이 되고, 우리는 모두 젖과 꿀이 흐르는 이 땅에서 잘살게 되고 평화가 강물처럼 흐르게 될 거라고만 생각했어. 그러나 하나님의 관심은 그런 우리의 외적인 축복에 있지 않았어. 하나님은 우리 한 사람 한 사람이 죄를 씻어 거룩하게 되고 경건한 진리의 지식을 가진 하나님의 자녀가 되기를 간절히 바라셨던 거야. 예루살렘 성전에서의 제사도 궁극적으론 우리의 죄를 씻기 위한 제사거든. 속죄제, 속건제, 화목제 등 모두가 우리의 죄를 씻고 하나님과 화목할 수 있는 길을 가게 해달라고 드리는 제사였어. 그러니까 메시아 역시 너와 나의 죄를 씻고 우리와 하나님을 화목하게 해주기 위해 오시는 분이야. 하나님과 화목하게 되면 다른 문제는 저절로 해결이 되거든. 그러니까 네가 말하는 왕이나 장군이 아니라…왕이나 장군이 우리의 죄를 씻어줄 수는 없는 거야."

"…"

"다시 한번 말하지만 하나님이 우리 유대민족에게 지금과 같은 고난을 주신 것도, 전에 바벨론에 사로잡혀 가게 하신 것도 그 궁극적인 목적은 우리가 그 고난을 통해 죄를 씻음 받고 하나님 말씀의 중함을 알아 그 계명을 두려운 마음으로 지키며 하나님을 경외하는 백성으로 만들기 위함이었어. 그런데 우린 바벨론에 사로잡혀 갔어도, 지금 로마인들의 압제를 받으면서도 변하지 않았고, 또 변하려 하지도 않고 있어. 난 바리새인이야. 하지만 부끄럽게도 난 바리새인으로 거들먹거리면서도, 또 성전의 거룩한 무리 중의 하나이면서도 나뿐 아니라 다른 바리새인들의 위선과 남몰래 저지르는 더러운 죄들을 여러 번 목격했어. 가장 거룩해야 할 바리새인들이 스스로 율법을 가졌노라 자랑하면서 자기들만 하나님의 뜻을 알고 지극히 선한 것을 분간하며 어둠에 있는 자의 빛이라 믿고, 율법의 지식과 진리의 모본이요 교사라고 우쭐대며 어리석고 무지한 백성들을 향해서는 도둑질하지 말라 가르치면서도 자기들은 성전의 물건을 도둑질하고, 간음하지 말라 가르치면서 자기들은 간음하면서도 눈 하나 깜짝하지 않고 있어. 이것이 어찌 율법을 가졌노라고 자랑하는 자의 삶이겠니? 그들은 오로지 할례받은 택한 족속이라는 자부심 하나 가지고 할례받지 않은 이방인들을 개처럼 천대하며 목이 곧은 자신은 보지 못하고 있으니 하나님의 심판을 어찌 피해 가겠니? 그러니 드러내놓고 죄를 범하는 이방인이나 할례와 율법을 가졌다고 자랑하는 유대인이나 아무것도 다를 것이 없는 거지. 하나님은 우리가 이토록 목이 곧은 백성이며 절대로 스스로는 변하지 못할 것을 알고 계셨어. 그래서 미리 우리를 위한 참 제사의 제물을 예비해 놓으셨던 거야. 생각해 봐. 무릇 하나님께 드려지는 짐승은 무슨 사자나 호랑이같이 사납고 힘센 짐승이 아니라는 것을…. 마치 연한 순처럼 순하디순한 소나 양만을 하나님께 바치게 하지 않으셨냐는 말이야."

"그럼, 그 순하디순한 짐승을 대신할 뭐가 있다는 거지?"

요나단이 질문했다.

"그래, 바로 그 메시아, 그 짐승을 대신할 분이 메시아란 말이야. 그 메시아가 오시는 목적은 로마를 때려 부수는 것이 아니라 우리의 죄를 때려 부수고 그 죄를 대속하기 위한 제물이 되시는 것이었어. 그러기 위해 그분은 너와 나 같은 사람으로 오신 거야. 세상 이치에서도 사람이 범죄하여 죽어야 한다면 그 당사자가 죽어야 하잖아. 거기서 '나 대신 여기 양을 죽이시오' 한다면 그게 합당한 말이겠어? 그런데 우린 그동안 우리 자신의 죄를 대신해 양과 염소를 죽이며 스스로 떳떳하다고 생각하며 살아왔잖아. 돌이켜보면 우리가 얼마나 뻔뻔한 사람들인가 말이야. 그래서 아까 우리가 말하던 우리의 제사법으로 돌아가 생각해 보면, 이젠 어떤 짐승도 우리의 죄를 깨끗하게 할 수 없다는 것이 밝혀졌어. 그래서 하나님은 우리의 죄를 위해 당신 자신이 이 땅에 내려오기로 하셨어. 이 얼마나 엄청난 결단이니? 하나님 자신이 죄로 죽을 수밖에 없는 우리를 대신하여 속건제물이 되어 피를 흘려 우리 죄를 대속해 주기로 결정하셨다는 거 말이야. 하나님은 그 결심을 이루기 위해 사람이 되어 이 땅에 오신 거야…."

사울은 잠시 말을 멈추고 차를 한 모금 더 마셨다.

"이거야말로 하나님의 비밀이 아니겠니? 피를 흘려 죄를 속해야 한다는 율법의 요구를 만족시키는 한편 거룩하신 하나님이 스스로 피를 흘려 우리 죄를 완전히 씻어주신다는 것 말이야. 생각해 봐. 염소와 황소의 피로 우리 죄를 씻을 수 있다면 흠 없는 자기를 드린 그리스도의 피가 어찌 우리를 깨끗하게 하지 못하겠니? 너도 세례 요한 알지? 그 세례 요한도 예수님을 보고 '보라 세상 죄를 지고 가는 하나님의 어린 양이다'라고 외쳤어. 그분은 정말 어린 양처럼 아무 흠모할 만한 것도 없이 벌거벗겨지고 채찍에 맞고 말로 할 수 없는 고통을 당하시고 십자가에 못 박혀 돌아가시며 온몸의 피 한 방울도 남김없이 다 쏟아 우리 죄를 대속해 주셨어. 그 예수님의 피는 오고 오는 모든 세대의 죄를 단번에 없이 하는 영원한 어린 양의 피야."

"그럼, 그래서 우리의 죄를 대신해서 죽으러 온 메시아가 예수 그 양반이 맞다는 거지?" 예수를 지칭하는 요나단의 단어가 바뀌었다. '그 사람'에서 '그 양반'으로. 사울이 미소를 지었다.

"그래, 그분이 피를 흘려 하나님과 원수 되었던 우리를 화목하게 하고 영원히 죽어야 할 우리를 살려 하나님을 우리의 아버지로, 우리는 하나님의 자녀로 만드셨거든. 자, 다시 한번 이 말씀을 보자. '그가 곤욕을 당하여 괴로울 때에도 그의 입을 열지 아니하였음이여 마치 도수장으로 끌려가는 어린 양과 털 깎는 자 앞에서 잠잠한 양같이 그의 입을 열지 아니하였도다 그는 곤욕과 심문을 당하고 끌려갔으나 그 세대 중에 누가 생각하기를 그가 살아 있는 자들의 땅에서 끊어짐은 마땅히 형벌 받을 내 백성의 허물 때문이라 하였으리요.' 여기서 제물로 바쳐지기 위하여 끌려온 양처럼 잠잠히 그 모든 심문과 곤욕을 당한 자, 바로 그가 우리가 기다리는 메시아야."

사울이 잠시 말을 멈추고 요나단의 표정을 살폈다. 너무 지루하게 여겨지지 않을까 하는 염려가 일었기 때문이었다. 그러나 요나단은 눈을 반짝이며 진지하게 자기의 말에 귀를 기울이고 있었다. 사울은 안심하며 다시 말을 이었다.

"나는 바리새인으로서 이 말씀을 수도 없이 읽었어. 외우기까지 했지. 하지만 이 말씀이 나사렛 예수를 가리키는 말씀인 줄은 알지 못했어. 나 또한 너처럼 그저 이 어린 양이 주위 강대국들에게 시달리는 우리 유대민족이라고 막연히 생각했을 뿐이야. 그러했기에 정작 여기에 기록한 말씀의 주인공인 메시아가 나타났음에도 우리 바리새인들은 그는 나사렛 사람이고 목수의 아들일 뿐이라고, 그가 행하는 많은 기적과 이적을 보고 들으면서도 그분이 '내가 곧 너희가 기다리는 하나님의 아들이다'라고 말하였다고 그분을 박해하고 '어떻게 하면 그를 죽일까? 유대를 시끄럽게 하는 저 사람을 어서 없애버려야 할 텐데…' 하는 궁리만 하고 있었지. 그분이 사람들의 병을 고치고 귀신을 쫓아내자 그런 것 역시 모두 바알세붑 같은 귀신의 능력을 힘입었기 때문이라고만 생각했어. 그런데 예수님이 십자가에서 죽고 난 후에 살아났다는 소문이 도는 거야. 말도 안 된다고 생각했지. 그런 말을 퍼뜨려서 우리를 혼란스럽게 하는 무리를 가만두면 큰일 나겠다고 생각했어. 그들이 하는 모든 말은 세상을 시끄럽게 하는 거짓말일 뿐이고, 그 위에 감히 하나님을 아버지라고 부르기까지 하는 불한당들이니 말이야…. 그래, 절대로 용납할 수 없는 무리가 나사렛 예수당 무리였어. 그때는 내가 이렇게 되리라고는 정말 상상도 할 수 없었지. 그러니 요나단 네가 의문을 품고 이 도에 대해 반대하는 것은 너무도 당연해."

사울은 요나단의 마음을 이해한다는 듯 고개를 주억거렸다. 하지만 마음으로는 요나단이 진정한 예수님의 제자가 되기를 바라는 간절한 마음으로 기도를 드리며 말을 계속했다.

"그런데 이미 우리 가족들에게 말한 대로 다메섹으로 가는 도중에 태양보다 더 밝은 빛이 비취면서 예수님의 음성이 들려온 거야. '사울아, 사울아, 네가 어찌하여 나를 박해하느냐' 하는 음성이…. 그리고 그 후에 만났던 예수님의 제자들을 통해 듣게 된 예수에 관한 이야기가 성경에 예언되었던 말씀과 한 치의 어긋남도 없이 딱 들어맞았어. 이사야서에서 말씀하신 대로 그분은 다윗의 뿌리에서 나셨고 또 처녀에게서 나셨어. 그리고 그분이 행하신 모든 표적과 기사와 이적은 모두 성경에 기록된, 메시아가 오게 되면 하게 될 일이었던 거야. 그분은 기록된 대로 맹인의 눈을 뜨게 하고, 못 걷는 자를 걷게 하고, 나병환자를 낫게 하고, 죽은 자를 살리셨어. 이 모든 일은 몰래 된 일이 아니고 수많은 사람들이 보고 들은 일이야. 그리고 마침내 방금 내가 말한 대로 그분은 매 맞고 찔림을 당하고 징계를 받고 십자가에서 죽으신 거야. 바로 너와 나의 죄를 대속하시기 위해."

요나단은 가만히 있었다. 사울의 눈에서 뿜어져 나오는 열기와 가슴에서부터 터져 나오는 뜨거움으로 인해 자기 자신도 어느새 가슴이 뜨거워져 오는 것을 느꼈다. 사울의 눈에 눈물이 반짝였다. 어느새 자신이 저 광야에 서 있는 듯한 느낌, 예수님의 큰 팔 안에 안겨 있는 것 같은 느낌과 함께 사랑하는 요나단도 어서 자신과 같이 십자가의 의미를 깨닫고 예수님의 품 안에 안기기를 바라는 마음이 간절했다.

요나단은 뭔지 모를 감동에 휩싸였다. 그 예수라는 분이 정말 메시아라면 나 또한 그분을 형 사울처럼 따라야 하지 않겠는가? 형이 저토록 뜨겁게 말하는 것을 보면 그 예수가 메시아가 아니라고 주장할 수가 없었다. 그렇다고 덥석 그 예수를 믿겠다고 하기엔 아직 뿌연 안개처럼 석연치 않은 구석들이 있었다. 도대체 하나님이 사람이 되어 이 땅에 메시아로 오셨다는 것이 납득이 안 되었다. 마음에 갈등이 일었다.

"참, 그런데 너 우리 친척 안드로니고와 유니아를 알고 있지? 그들도 예수를 믿는다는 얘기를 들었어. 그들이 얼마나 하나님을 사랑하던 사람들이었니? 우리 집안 사람들이 모두 칭찬했던 사람들이잖아? 그런데 그들이 나보다 먼저 예수님을 구세주로 영접했다는 거야."

그것은 요나단도 알고 있었다. 그들이 갑자기 예수를 따라다닌다는 것을 알고 온 친척들이 한동안 시끄러웠기 때문이다. 지난 몇 년 동안 그들을 만나지 못했지만 그들 역시 사울 형처럼 하나님과 율법에 충실했던 사람들이었다.

잠시 생각에 잠긴 요나단은 '아직 난 뭐가 뭔지 잘 모르겠지만 형을 한번 믿어보자. 항상 그래 왔던 것처럼…' 하는 마음이 들었다. 예수를 믿는 마음이 아니라, 평소 존경하고 사랑했던 형 사울을 믿기에 그런 결정을 내렸다. 그럼 형처럼 나도 그분을 따라나서야 한단 말인가?

"형, 그럼 나는 앞으로 어떻게 해야 하지?"

사울이 미소를 지었다. 요나단이 마음의 갈등을 느끼고 있는 듯했지만 그래도 이렇게 호응해 주는 것이 고마웠기 때문이다. 그는 마음이 쫙 펴지는 것을 느끼며 '주여, 감사합니다' 하고 소리 없는 기도를 드렸다.

"응, 예수님이 이 땅에 오신 하나님의 아들이심을 믿고 그분을 너를 죄에서 구원해 주신 구주로 영접하겠다고 고백하고 세례를 받아야 해. 예수님의 제자 중에 베드로라는 수제자가 있는데 그분이 오순절 날 예루살렘에서 군중에게 이렇게 말씀하셨어. '여러분들이여, 회개하여 각각 예수 그리스도의 이름으로 세례를 받고 죄 사함을 얻으십시오. 그리하면 성령을 선물로 받게 됩니다.' 그러니 너도 하나님께 네 죄를 고백하고 회개한 후 예수님을 너의 주님으로 시인하고 또 하나님께서 그분을 죽은 자 가운데서 살리신 것을 네 마음에 믿으면 구원을 얻게 되는 거야. 왜냐하면 우리는 마음으로 믿어 의에 이르게 되고, 입으로 시인하여 구원에 이르게 되기 때문이지."

그날 요나단은 예수를 자신의 구원자로 영접하였다. 그때까지도 그는 형의 말 가운데 아직 투명하게 깨달아지지 않는 부분들이 있어 형에게 이렇게 말했다. "형, 난 아직도 뭐가 뭔지 잘 모르겠어. 하지만 나 스스로 내 죄를 씻을 수 없다는 것은 분명해. 그런데 그 예수라는 분이 메시아이고 나의 죄를 씻어 줄 수 있다면 나도 세례를 받겠어. 형이 도와줘." 세례는 식사 후 목욕탕에서 하기로 했다. 요나단은 여러 해 전, 세례 요한이 사람들에게 회개를 촉구하며 세례를 주었다는 말을 들었다. 요나단은 그 세례 요한을 만나러 가지는 않았으나 예루살렘을 다녀온 사람들로부터 요한에게 세례를 받았다는 얘기를 들을 때 막연히 '나도 죄 씻음을 받아야 되는데…' 하는 생각이 들었던 적이 있었다. 하지만 굳이 그곳까지 달려갈 의지는 없었다. 그런데 생각지도 않게 바로 형에게 세례를 받을 것을 생각하니 뭔가 새롭고 흥분되는 감정이 일었다.

형에게 예수님을 자신의 구세주로 영접하겠다고 말할 때는 약간 긴장되기도 했다. 그러나 형의 말을 들으니 예수가 자신의 죄를 위해 희생제물이 되셨다는 것이 조금은 믿어졌다.

사울은 크게 기뻐하며 동생의 신앙고백을 들었다. 그리고 요나단의 손을 잡고 기도했다.

"주 예수님, 요나단이 예수님을 자신의 구주로 영접하였습니다. 우리의 죄를 대신하여 십자가에서 죽으시고 또 부활하셔서 우리를 죽음에서 살리시고 영원한 하늘나라를 기업으로 받게 하신 주님, 주님의 보혈로 요나단의 죄를 씻어주시고 이 아들의 심령 속에 오셔서 동행하여 주옵소서. 우리의 왕이신 주 예수 그리스도의 거룩하신 이름으로 기도합니다. 아멘."

기도를 마친 사울은 요나단의 어깨를 가볍게 두드린 뒤 방에서 나오면서 말했다.

"내가 먼저 나갈 테니 넌 방에 잠시 앉아 내가 한 말을 좀더 생각해 보고 너 스스로 하나님께 기도해 보는 게 좋겠어."

사울이 밖으로 나와 아이들과 잠시 놀아주고 있을 때였다. 갑자기 방에서 요나단이 크게 울부짖는 소리가 들렸다. 그의 울음은 한 시간 이상 계속되었다. 요나단의 아내와 다른 집 안 사람들의 눈이 휘둥그레져서 사울을 쳐다보았다. 오래 사울과 얘기하는 것 같더니 남편이, 아빠가, 주인이 저렇게 소리쳐 우는 것을 보니 사울이 뭔가 크게 상처를 준 게 틀림없어 보였다. 그러나 사울은 그저 조용히 하라고 양팔을 들었다 놓았을 뿐 평안한 얼굴로 모두를 바라보더니 두 손을 모으고 조용히 기도만 했다.

온 가족이 요나단의 울음으로 인해 수심에 잠겼다. 그 울음은 한 시간이 좀 지나서야 조용해졌다. 그러고도 한참이 지났다. 아이들이 두려움을 참지 못하고 아빠가 있는 방문을 막 열려는 순간, 안쪽에서 문을 열고 그가 나왔다. 그의 얼굴은 눈물로 인해 벌겋게 변해 있었고 눈두덩이도 많이 부어 있었다. 그러나 가족들을 보자 싱긋이 웃었다. 그러곤 사울에게로 달려가더니 그의 품에 푹 안기는 것이었다. 가족들 모두가 놀란 얼굴이었다. 요나단은 그 후 아이들을 안아 주고 아내의 손을 꼭 잡아 주었다. 둘러선 하인들에게도 미소 띤 얼굴로 손을 흔들어 주었다. 그런 후 식탁에 가 앉았다.

모두가 사울을 쳐다보았다.
"자, 우리 모두 감사기도를 드리자."
사울이 잠시 감사기도를 드리고 식사를 시작했다.
요나단의 아내와 하녀의 음식 솜씨는 꽤 괜찮았다. 양고기 구이와 야채, 신선한 빵과 생선 수프로 차려진 저녁은 화려하지는 않았지만 정갈하면서도 맛있었다. 요나단은 식사도 많이 하지 않고 마음을 가다듬으려 애쓰는 모습이었다. 그러나 그 시간은 그 어느 때보다 화기애애했다. 요나단과 사울은 환한 얼굴로 서로를 바라보며 이전에 보지 못하던 형제애를 과시하고 있었다.

식사가 끝나고 하인들이 그릇들을 치우자 요나단이 가족들을 불러 모았다. 그러기 전 그는 사울을 바라보며 밝게 웃었다. 사울도 앞으로 요나단이 무슨 말을 할 것인지 짐작한다는 듯 미소를 띠며 고개를 끄덕여 주었다. 가족들과 하인들이 다 모이자 요나단이 입을 열었다.

"너희들도 내가 통곡하며 우는 것을 들었을 것이다. 정말 모두에게 근심을 안겨 준 것 같아 미안하구나. 그러나 그렇게 울지 않을 수 없었다. 오늘 형님으로부터 예수 그리스도에 관한 자세한 이야기를 들었다. 형님은 예수님이 바로 우리가 기다리고 기다려 오던 메시아라는 사실을 여러 성경 구절을 통해 또한 실제 경험을 통해 알게 되었다고 하셨다. 그러나 나는 순전한 마음으로 형님의 말씀을 듣지 않았어. 그저 형님 혼자 체험한 어떤 신기한 이야기라고만 생각했지. 그런데 함께 이야기를 나누고 형님이 방을 나가신 후, 나도 혹시나 형님 말씀이 맞을지도 모르겠다는 생각에 무릎을 꿇고 기도를 드리려고 했다. 그런데 갑자기 누군가 떠밀 듯 나를 엎어지게 했고 깜짝 놀라 '주여!' 하고 외치자 갑자기 눈앞에 환상이 펼쳐졌어. 거기엔 내가 어린 시절부터 지금까지 저질러 온 온갖 죄가 다 있었어. 난 태연히, 아무런 양심의 가책도 없이 그런 죄들을 저지르고 있었어. 난 도저히 견딜 수가 없었다. 분명 내가 저지른 일인데도 영상으로 보는 그 모습이 얼마나 추해 보이던지…. 나는 주님께 울며 용서를 구하지 않을 수 없었어. 그래서 통곡하며 울었던 거야. 그렇게 울며 용서를 빌고 있는데 갑자기 내 앞에 십자가를 지신 예수님이 나타나셨어. 너희도 알다시피 난 한 번도 그분을 뵌 적이 없어. 그런데도 그 순간 그분이 예수님이심을 확실히 알 수 있었어. 그분은 머리부터 발끝까지 온통 피로 얼룩져 있었고 머리 위에 '유대인의 왕 예수'라는 패를 달고 있었어. 그 십자가 앞에서 나는 온몸이 너무도 더러워 어찌할 바를 몰라 어디론가 숨어 버리고 싶었다. 아니, 그 자리에서 죽고 싶어졌어. 그런데 예수님은 한없는 자비와 사랑이 가득 담긴 눈으로 나를 바라보셨어. 나는 그분 앞에서 도망칠 수도, 숨을 수도 없다는 것을 깨닫고 떨고 있었는데, 갑자기 내가 입고 있던 더러운 옷이 마치 뱀이 허물을 벗듯 벗겨지고 깨끗한 흰옷으로 바뀌어 있는 거야. 나는 너무나 감사하고 또 죄송해서 또다시 울었어. 주님은 그런 나를 보시고 미소를 지으며 사라지셨어. 그렇게 우는 바람에 너희를 근심하게 만들었구나. 그러나 지금 나는 그 어느 때보다 가볍고 날아갈 것처럼 몸과 마음이 새로워진 것 같아. 형님, 고마워요. 정말로요."

말을 마친 후 요나단은 하인에게 욕탕에 물을 채우라고 일렀다. 마침 더운 날이어서 물을 데울 필요는 없었다. 요나단은 속옷만 입고 형 앞에 섰다. 가족들도 모두 욕실에 들어갔다. 요나단은 집에서 그 어디보다 특별히 욕실을 아름답게 꾸며 놓았다. 연푸른 대리석 바닥과 살구꽃 문양이 드문드문 박힌 상앗빛 대리석이 사방 벽을 둘러싸고 있었다. 욕탕 안에는 물이 넘실거렸다. 요나단의 정원에 맑은 물이 계속 흘러나오는 우물이 있었기 때문이다.

사울은 먼저 둘러선 가족들에게 말씀을 전했다.

"제수씨와 나의 조카들, 또 이 집에서 일하고 있는 여러분, 오늘 이 가정의 주인인 요나단이 하나님과 여러분 앞에서 세례를 받습니다. 이 세례는 먼저 회개하고 예수님을 그리스도와 주로 영접하여 하나님의 자녀로 살아가겠다는 결단을 한 사람이 받는 것입니다. 요나단은 아까 나와 많은 대화를 나눈 후, 이 세상에 오셔서 우리 죄를 용서하기 위해 십자가를 지고 죽으신 하나님의 아들 예수님을 자신의 구주로 영접하였습니다. 예수님은 세상 죄를 지고 제물이 되었던 어린 양처럼 우리의 죄를 대신하여 죽으신 분입니다. 그러나 그분은 사흘 만에 부활하셨고 오백여 명 이상 되는 사람들이 보는 앞에서 하늘나라로 올라가셨습니다. 이 세례는 예수님이 십자가에서 죽으시고 사흘 만에 다시 살아나신 것을 예표합니다. 예수님이 죽으셨다는 것은 우리의 옛 죄가 예수님과 함께 죽고 예수님의 부활로 말미암아 우리가 새 생명으로 다시 살아났음을 예표하는 것입니다. 또한 이 예식은 요나단이 예수님을 자신의 구주로 영접한 사실을 하나님과 사람들, 그리고 사탄에게 알리는 예식입니다. '회개'(하말티아)란 옛것을 버리고 완전히 새로운 방향을 향해 나아가겠다는 결심입니다. 우리 모두가 아까 요나단의 간증을 들었습니다만 요나단은 많은 눈물을 흘리며 자신의 죄를 회개했고 예수님을 만났습니다. 이제 이후 요나단은 이전과는 다른 새로운 사람으로 살게 될 것입니다. 나는 여러분과 함께 성경을 공부하기 위하여 앞으로 일주일에 한 번씩 이 가정에 오겠습니다. 성경에 나타난 우리 구주 메시아의 모습을 다 함께 공부합시다."

그렇게 말한 후 사울은 돌아서서 요나단을 향해 질문했다.

"이미 우리에게 고백한 대로 너는 예수님이 하나님의 아들이심을 믿고 그 예수님을 너를 구원해 주신 생명의 구주로 영접하겠니?"

"네, 예수님을 나의 생명의 구주로 영접합니다."

사울은 오른손을 요나단의 머리에 얹고 "내가 하나님 아버지와 그 아들 예수와 성령의 이름으로 요나단에게 세례를 주노라!" 하고 말한 후, 한 손으로 요나단의 등을 받치고 다른 손으로는 가슴을 눌러 욕탕의 물속에 머리를 잠시 잠기게 한 다음 일으켜 세웠다. 요나단은 얼굴에 흐르는 물을 닦아낼 생각도 하지 않고 두 손을 번쩍 들어 올리며 "할렐루야!" 하고 소리쳤다.

요나단의 집에 다녀온 후 사울은 주로 홀로 다소 북쪽에 있는 '길리기아 관문(關門)'으로 나가 타우루스산맥이 시작되는 평야의 한적한 곳에서 기도와 묵상을 했고, 때론 조용한 도서관에 가서 성경을 연구하기도 했다. 타우루스산맥에서 지중해로 흘러가는 기나긴 강을 따라 걷고 또 걸으며 묵상과 기도를 하는 시간은 그에게 가장 행복한 시간이었다.

성령께서는 그의 이런 묵상 생활에 임하셔서 그에게 놀라운 복음의 비밀을 깨닫게 해주셨다. 로마서, 고린도전후서, 갈라디아서 등 사울이 열세 권이나 되는 신약성경을 쓸 수 있었던 것도 바로 이곳에서 9년 동안 예수 그리스도 안에서의 삶과 말씀에 대해 깊이 묵상한 결과였다.

그가 각 교회의 성도들에게 보낸 편지에는 이때 깨달은 진리가 복음의 줄기를 이루어 거대한 성경의 산맥을 이루었다. 이 모든 시간에 성령이 함께 계셨으며, 또 그가 글을 쓰거나 필사하는 사람에게 내용을 불러줄 때도 그 모든 시간에 성령이 계셨다. 예루살렘 성전에서 기도하던 중에 주님께서 성경을 쓰라고 하신 명령을 그는 이러한 시간에 무의식적으로 이루어 가고 있었다.

그의 가족들도 요나단의 집에서 한 주에 한 번씩 모여 하는 성경 공부를 통해 예수가 메시아이심을 점점 더 확실하게 알아가고 있었다. 아버지는 선대로부터 이루어 놓은 기업이 유대 공동체로부터 훼손될 것이 두려워 드러내놓고 예수를 그리스도라고 공표하지는 못했지만 가끔 이 모임에 참석을 하며 사울의 말을 긍정하였다. 다른 가족들은 조용히 사람들에게 복음을 전하며 예수 공동체를 만들어 가고 있었다. 사울의 친척 헤로디온과 누기오와 야손과 소시바더가 사울이 전하는 성경과 예수님의 말씀을 듣고 예수님을 자신들의 구주로 영접하였고 그들의 가족도 모두 예수님께로 돌아왔다. 이들은 후에 요나단과 함께 사도 바울의 전도 여행에 알게 모르게 많은 도움을 주는 사람들이 되었다.

누가

    어느 날 사울은 성경을 읽는 중에 글자가 흐릿하게 보이는 것 같았다. 얼마 전부터 눈이 뻑뻑해지고 따끔거리는 것을 물로 씻기도 하고 손바닥을 눈에 대고 기도도 해보았으나, 눈에 안개가 낀 듯 부옇게 보이는 것은 별로 나아지지 않았다. 사울은 아라비아에서 큰 영적 체험을 한 후 아픈 사람들을 위해 기도하면 그때마다 기도 받은 사람들이 낫는 것을 경험했다. 하나님께서는 이처럼 병 고치는 은사와 함께 여러 가지 다른 은사를 사울에게 주셨다. 그럼에도 그의 눈은 계속 아팠고 심지어 통증이 점점 더 심해지는 것이었다. 그는 다메섹 도상에서 강렬한 빛을 받으며 맹인이 되었던 적이 있었다. 아나니아에게 안수를 받은 후 다시 눈이 뜨이고 저 광야에서 주님을 만난 후 그 어느 때보다 눈이 밝고 빛났었다. 부드럽고 형형하게 빛나는 그의 눈은 사람들에게 강렬한 인상을 주곤 했다.
    그런데 다소에서 생활하는 가운데 언제부턴가 눈이 전처럼 밝지 않은 것을 느꼈다. 그러나 아주 약간 불편했을 뿐 생활에는 크게 지

장이 없어 그냥 지내고 있었는데 이제는 뭔가 대책을 세워야 했다. 어느 날 그는 작정하고 엎드려 간절히 기도했다.

"언제나 큰 은혜를 베푸시는 주님, 내 눈을 고쳐 주소서. 주님께서도 '네 몸의 등불은 눈이라. 네 눈이 순전하면 온몸이 밝을 것이요, 만일 나쁘면 네 몸도 어두우리라'라고 하지 않으셨습니까?"

주님은 아무 말씀이 없으셨다. 답답했다. 다음 날도 간절히 기도했다. 그러나 그날도 아무 말씀이 없으셨다. 그동안 그는 예수님과 깊은 친밀함 가운데서 기도할 때마다 주님의 임재를 느꼈고 늘 그분이 응답하시는 체험을 했다. 그런데 이번에는 두 번이나 기도했지만 주님은 아무 말씀도 하지 않으시고 그저 조용히 계셨다. 약간의 근심이 생겼다. '나에게 무슨 문제가 있는 것일까? 주님의 마음을 거슬리게 한 것이 있었나? 그게 아니라면 혹시 주님은 나에게 내 눈 문제와는 비교할 수 없는 또 다른 계획을 갖고 계신 것이 아닐까? 어쩌면 그럴지도 몰라. 만일 내 눈이 점점 나빠지더라도 그것이 주님의 뜻이라면 난 그대로 주님의 뜻을 좇으리라. 살아도 주를 위해, 죽어도 주를 위해. 이것이 나의 좌우명이 아닌가. 그렇다면 두 눈이 다 안 보인다 해도 무엇이 두려우랴?'

이렇게 생각하기도 했지만 시간이 갈수록 눈에 이상이 있는 것이 점점 더 확실해지고 있었다. 그는 한 번 더 주님께 기도했다.

"주님, 제 눈을 위해 두 번 간절히 기도했지만 주님께서는 아무 말씀도 하지 않으셨습니다. 제 눈이 점점 나빠져 맹인이 된다 해도 그것이 주님의 뜻이라면 주님의 뜻을 이루소서. 제 몸과 영혼은 모두 주님의 것입니다. 오직 제 눈이 나빠지는 것이 주님의 뜻인지 아닌지 그것이 알고 싶습니다. 어떤 결론이든 저는 주님을 찬양하며 주님께서 제게 맡기신 일을 성심을 다해 감당하겠나이다."

그러자 그가 그렇게도 듣고 싶어 하던 주님의 음성이 들렸다. 저 아라비아 광야에서 들었던 한없이 부드럽고 사랑이 넘치는 음성이….

"사랑하는 바울아, 지금까지는 네가 히브리 이름인 '사울'을 사용했지만 이제부터는 헬라어로 된 이름 '바울'을 사용하거라. 내가 너를 이방 땅으로 보낼 것이기 때문이다. 그러나 너에게 하나 연약한 부분을 남겨 놓겠노라. 내가 네게 준 모든 능력과 은사와 삼층천에서 나를 만났던 그 모든 은혜가 너무 크기 때문에 혹여라도 네가 스스로 교만하게 되지 않도록 한 가지 네 몸에 가시를 남겨 놓는 것이다. 그것이 바로 네 눈의 약함이다. 내가 너를 약하게 하는 것은 너의 약함이 나의 능력이 되기 때문이다. 이제부터 너는 너 자신의 강함이 아니라 약함만을 자랑해라. 그 약함에서 너는 진정 강한 자가 되기 때문이다. 이제 너는 안디옥 출신 의원 누가를 찾아가라. 그는 지금 드로아에서 가난하고 어려운 뱃사람들을 위해 일하고 있다. 그는 내가 사랑하는 헬라인 의원이다. 지금은 그가 나를 모르지만 그가 너의 설교를 들을 때 그의 마음이 울리며 나를 자신의 구주로 영접할 것이다. 그가 너의 눈을 돌보아 줄 것이다. 그 후 그는 네 평생 너와 함께 전도하러 다니며 자신의 이름으로 된 성경까지 기록할 것이다. 내가 너에게 다른 사람들의 몸을 고칠 수 있는 은사를 주었지만 너 자신의 몸은 그에게 의탁하게 하였노라. 그럼으로써 너 또한 다른 사람이 필요한 존재라는 것을 깨닫게 하려 함이다. 그는 마지막까지 너와 가까이 있어 네 몸을 돌보아 줄 사람이다. 가라!"

바울은 주님의 세심하심이, 놀라운 사랑이 너무 커서 엎드려 오래 울었다.

"주여, 저는 약합니다. 바로 앞의 길도 흐릿하여 안 보입니다. 다만 주님께서 내 손을 붙잡아 주시옵소서."

오래 기도한 후 일어났을 때 바울은 새 힘이 솟아오르는 것을 느꼈다. 고향에서 가족과 친척들에게 성경을 가르치며 계속 기도하고 주님과 깊은 교제를 나누고 있었지만 눈이 흐릿해지면서부터 자꾸 몸도 마음도 지쳐가고 있는 자신을 느끼고 있던 참이었다. 사울이 아닌 바울! 그렇다. 나의 사명은 이제부터 이방 나라를 향한 복음 전파다! 그러기 위해선 사울보다는 헬라 이름인 바울로 부르는 게 맞다. 유대 사람에게는 유대 사람이 되고, 이방 사람들에게는 이방 사람같이 되자. 그것이 한 사람이라도 더 주 예수 그리스도께 돌아오게 하는 길이다. 나는 사랑에 빚진 자다. 그는 다시 한번 저 아라비아에서 경험했던 것과 같은 새 힘을 느끼고 마구 달려가고 싶어졌다.

그날 저녁, 그는 부모님께 드로아에 갔다 와야겠다고 말씀드렸다. 그들 역시 바울의 눈 때문에 염려하고 있었다. 그동안 그들은 아들에게 눈에 좋은 안약을 만든다는 라오디게아로 가보는 게 어떻겠느냐고 충고를 해주기도 했었다. 바울은 주님으로부터 기도 응답을 받은 후에 행동하겠다고 생각하고 있었기에 머뭇거리고 있었다. 그러나 이제 주님으로부터 확실한 응답을 받았으니 당연히 드로아로 가야 하는 것이다. 바울은 여장을 꾸리고 드로아로 걸음을 옮겼다.

누가는 수리아 안디옥에서 태어났다. 전승에 의하면 누가는 그 지역 판사 집 종의 아들로 태어났다. 그 아버지는 매우 신실한 사람이었다. 판사 또한 너그러운 인격을 갖춘 사람이어서 이처럼 신실한 그 가족들을 모두 자유인으로 해방시켜 주었다. 그러나 그의 아버지는 여전히 그 판사의 집에서 종으로 살며 전과 다름없이 판사와 그 가족을 성실하게 섬겼다. 어느 날 폭풍우가 치면서 벼락이 떨어져 주인의 집에 불이 붙었다. 누가의 아버지는 불붙는 집에 들어가 주인의 귀중한 물건들을 꺼내오다 그만 불에 타 죽게 되었다. 그 판사는 성실한 그 종의 장례를 잘 치러주고 남은 가족들을 자기 집에서 그냥 살게 해주었다. 얼마의 시간이 흐른 뒤 판사의 아내가 죽었다. 그러자 판사는 누가의 어머니와 결혼하였고 누가는 판사의 양아들이 되었다. 이 시대에는 종들 중에 현명하고 지혜로운 사람이 많았다. 전쟁 중에 사로잡혀 온 사람들이 승전국 귀족들의 종이 되어 섬겼기 때문이다. 누가의 부모도 본래는 헬라 사람으로 어떤 이유로 안디옥 판사 집의 종이 되었는지는 알 수 없다. 그러나 누가의 어머니가 매우 총명하고 아름다운 여성이었으리라는 것은 짐작할 수 있다.

누가의 이름은 '빛나다', '총명하다'라는 뜻이다. 판사는 그 이름처럼 총명하고 신실했던 누가를 자기 친아들처럼 사랑하였고 그가 원하는 것을 다 해주었다. 누가가 알렉산드리아에 가서 의학을 공부하고 싶어 하는 것을 알고 그의 소원대로 해주었다. 공부를 마친 누가는 의사가 되었다. 어느 날 한 귀족의 병을 고치러 갔다가 그는 그 집 딸을 보고 사랑에 빠지게 되었다. 두 사람은 서로 사랑하게 되었으나 그 귀족 집안이 누가가 종의 자식이라는 것을 알게 되자 결혼을 극구 반대했다. 사랑과 결혼에 실패한 누가는 쓰라린 가슴을 안고 자기처럼 가난하고 어려운 뱃사람들의 병을 고치는 의원으로 자원하여 드로아로 갔다.

그는 거기서 바울을 만났다. 바울은 누가를 만나 예수의 복음을 전하고 그가 돌보고 있던 뱃사람들에게도 복음을 전했다. 그런 후 바울은 다시 자기 고향으로 갔다가 몇 년 후 다시 누가를 만나게 된다. 바울과 동행하면서 함께 선교하였던 누가는 후에 예루살렘에 가서 여러 사도를 만나 예수의 생애에 대해 들었다. 그리고 의학자의 날카로운 관찰력과 섬세함, 탁월한 문학적 문체와 성령의 도우심으로 누가복음과 사도행전을 썼다.

그는 여인과의 사랑에 대한 상처 때문인지, 아니면 바울의 신념인 "너희가 염려 없기를 원하노라 장가가지 않은 자는 주의 일을 염려하여 어찌하여야 주를 기쁘시게 할까 하되 장가간 자는 세상 일을 염려하여 어찌하여야 아내를 기쁘게 할까 하여 마음이 갈라지며… 내 뜻에는 그냥 지내는 것이 더욱 복이 있으리로다"(고전 7:32-40)라는 말에 영향을 받아서인지 끝까지 결혼하지 않았다. 그 대신 바울을 보필하는 일에 전력을 기울였다. 심지어 옥에도 함께 갇히면서 육체적으로 허약한 사도 바울의 몸을 보살펴 주었고 주치의로서의 사명을 충성스럽게 감당했다. 하나님은 바울에게 누가를 붙여 주심으로 바울의 전도 여행에 큰 힘이 되게 하셨다.

사도 바울의 '육체의 가시'를 혹자는 간질이라고도 한다. 하지만 안질이라고 보는 학자도 많다. 바울이 간질환자라는 증거는 성경 어디에도 없다. 다만 그는 성경을 쓸 때 다른 사람에게 대신 필사하게 하였고 자기 자신은 마지막쯤에 한 줄을 썼는데 그렇게 쓰면서 "내 손으로 너희에게 이렇게 큰 글자로 쓴 것을 보라"(갈 6:11)라고 썼다.

그리고 "너희가 할 수만 있었더라면 너희의 눈이라도 빼어 나에게 주었으리라"(갈 4:15)라고 말하기도 했다. 특별히 눈을 빼서 주려고 했다는 것은 그만큼 바울의 눈이 약했다는 것을 암시한다.

수리아 지역의 안디옥에서 태어난 누가가 사랑의 실패로 받은 상처로 안디옥에서 멀리 떨어진 항구 드로아에 가서 뱃사람들을 위해 의술을 펼치고 있을 때였다. 드로아는 소아시아 서쪽에 있는 항구로 고대 트로이 목마로 유명한 트로이에서 약 20킬로미터 정도 아래쪽에 있는 도시다. 이곳은 그리스의 마게도니아와 에게해를 사이에 두고 있는 지역으로 서로의 문화와 사상, 물질까지 공유하고 있는 항구였다. 그러기에 그 지역은 오래전부터 헬라적 문화에 젖어 있었고 더구나 소아시아의 중심에서 서쪽으로 멀리 떨어져 있었기에 유대인 회당도 없었다. 이 지역 사람들은 인간의 외모와 힘과 실력으로 사람들을 평가했다.

그런데 당대 최고의 대학인 알렉산드리아 대학에서 의학을 공부한 실력자일 뿐 아니라 훤칠하고 잘생긴 누가를 보자 그들은 단번에 헬라의 의학과 치료의 신 아스클레피오스 같은 존재가 나타났다고 야단이었다. 그러나 누가는 사람들이 자기를 어떻게 평가하든 겸손하고 온유한 성품으로 귀천을 가리지 않고 누구에게나 똑같이 뛰어난 의술로 사람들을 치료하는 데만 마음을 쏟을 뿐이었다. 몇몇 부호가 누가에게 딸을 주려고 여러모로 시도했다. 그러나 누가는 그런 부탁을 온유하면서도 강경한 태도로 모두 거절했다. 그는 오로지 환자들을 정성껏 치료하는 것만이 자신의 전부인 양 묵묵히 그 일에만 매달릴 뿐이었다.

어느 날 바울이 드로아 항구에 나타났다. 바울의 모습은 누가와 많이 달랐다. 그는 누가처럼 잘생기거나 키가 큰 것도 아니었다. 그러나 어딘지 범접할 수 없을 것 같은 위엄이 있었다. 그는 뱃사람들이 그물을 깁거나 배를 손질하는 사이를 다니며 외치기 시작했다. "주 예수를 믿으십시오. 그러면 당신과 당신의 가정이 구원을 얻게 됩니다!" 뱃사람들은 바울을 향하여 무슨 새로운 신을 소개하려는 철학자가 나타났나 하고 수군거렸다. 사실 그들은 이미 바다의 신 포세이돈을 믿고 있었기에 그 신 외에 또 다른 신이 필요 없었다. 그러나 바울은 포세이돈과는 비교할 수 없이 위대한, 바다를 창조하신 하나님과 파도를 잠잠케 하시고 빈 고깃배를 만선이 되게 하신 예수 그리스도를 담대히 증거하였다. 처음에는 사람들이 바울의 말을 귓등으로 들었으나 차츰 그의 말에 귀를 기울이는 사람이 늘어났다. 바울의 담대함과 끈질김, 무엇보다 바다를 창조하고 폭풍까지 잠잠케 하며 고깃배를 만선으로 만드는 신이라는 데 솔깃했다. 그들은 자신들이 들은 이야기를 누가에게 전했다.

"요즘 이곳 드로아에 바다를 만들었고 폭풍을 잠재운다는 신을 소개하는 사람이 나타났어요. 아마 새로운 신을 소개하는 철학자인 것 같더라고요. 그런데 그 사람이 선생님(누가)을 찾는 것 같아요."

처음에 누가는 그 사람이 자기를 찾는다는 말에 별로 신경을 쓰지 않았다. 워낙 그 지방에서 자기를 찾는 사람들이 많았기 때문이다. 그저 어느 떠돌이 철학자가 이곳에서 자신의 명성을 듣고 한번 보고 싶어 한 말이려니 하고 넘겨 버렸다. 그러나 자기를 찾아오는 환자마다 같은 소리를 하는 것을 듣고 조금씩 호기심이 생겨났다.

어느 날 얼굴에서부터 가슴까지 진물이 나며 고름투성이가 되어 치료를 받으러 오던 한 환자가 한동안 보이지 않더니 깨끗해진 얼굴로 환하게 웃으며 자기에게 나타났다. 고름과 진물이 없어지고 나니 얼마나 젊고 아름다운 얼굴이 되었던지 누가조차 알아보지 못했다. 그동안 누가는 그를 치료하려고 많은 노력을 기울였다. 분명 나병은 아니었기에 자신이 치료할 수 있다고 생각해서 약을 발라 주기도 하고 먹는 약도 주었지만 그때마다 조금 괜찮아지는 듯하다가도 이내 다시 이전의 상태로 돌아오곤 했다. 누가는 밤잠도 줄여가며 그 환자를 위해 여러 가지 약초로 실험도 하고 있었다. 그런데 그 사람이 단번에 병이 나아서 온 것이다.

그 사람이 말했다. "얼마 전 이곳에 바다를 창조했다는 신을 전하는 철학자가 나타났다고 했잖아요. 그 사람이 내 몸에 손을 얹고 기도를 하는 것 같더니 그 즉시 이렇게 낫게 되었어요. 저는 너무도 이상해서 지난 열흘 동안 밖에 나가지 않고 집에만 있었어요. 열흘 동안 이렇게 나은 상태로 있으면 그 사람이 고쳐 준 것이 맞고, 다시 재발하면 그 사람이 고친 게 아니라는 생각에서요. 그런데 제 피부가 낫게 된 이후로 열흘이 지난 지금까지도 여전히 깨끗한 거예요. 그래서 이렇게 선생님께 달려왔지요."

누가도 이 희한한 사건을 어떻게 해석해야 할지 알지 못했다. 그냥 어떤 신에 대해 말로만 떠든다면 별 흥미를 못 느꼈을 것이다. 그런데 자신의 전문 분야인 치료까지 할 수 있는 사람이라니…. 그제야 누가는 바울이라는 사람을 한번 만나보고 싶어졌다. 철학자들이란 주로 이 땅의 현실적 고통과 슬픔은 외면한 채 공허한 헛소리만

지껄이는 사람들이다. 그런데 바울은 전도할 때 사람의 지혜의 말로만이 아니라 성령의 나타나심과 능력이 함께했기에 더욱 설득력을 얻었던 것이다. 누가는 그 환자가 가르쳐준 대로 바울이 주로 연설을 한다는 광장으로 나가기로 했다.

드로아에 온 바울이 처음부터 누가를 찾지 않았던 것은 그 나름의 계획이 있었기 때문이다. 드로아에 와서 보니 자기가 묵고 있는 여인숙 사람들부터 거리에서 떼 지어 놀고 있는 아이들에게까지 누가는 유명한 사람이었다. 그런 사람에게 무작정 찾아가 치료를 받겠다 하면 바울이 간절한 마음으로 주 예수의 복음을 전한다 해도 별로 효과가 없을 것 같았다. 누가는 그저 또 한 사람의 환자가 찾아왔겠거니 하고 생각할 것이 뻔했다. 그것은 바울이 원하는 바가 아니었다. 바울은 먼저 뱃사람들을 찾아가 예수 그리스도의 복음을 전했다. 처음에 그들은 바울의 전도에 별로 관심을 두지 않았다. 그러나 차츰 한두 명씩 "하나님이 사람이 되셨고, 그분은 죽었다가 살아나신 후 우리의 구세주가 되셨으며, 그분을 믿음으로 당신과 당신의 집이 구원을 받는다"라는 말에 귀를 기울이기 시작했다. 그런데 어느 날 얼굴과 가슴에 난 두드러기인지 종양인지 모를 병으로 고생하던 동료가 깨끗이 나은 것을 본 뒤로 바울을 새롭게 보게 되었다.

어느 날 누가는 뱃사람들이 자주 모이는 항구 한편의 조그만 광장으로 나갔다. 그 공터는 광장이라기보다 자그만 가게들이 둘러있는 곳이었다. 술집과 음식점도 있고, 뱃사람들이 좋아할 만한 도박판도 있고, 여인숙도 있었다. 한마디로 오늘날의 작은 몰(mall) 같은 곳이었다. 그 공터 한구석에 사람들이 모여 있었다. 그들을 향해 한 남자가 소리 높여 연설을 하고 있었다.

"여러분, 제우스나 아폴론, 포세이돈 같은 신을 믿으십니까? 그러나 그런 신은 참 신이 아닙니다. 하늘과 땅과 바다를 지으시고 지금도 만물을 다스리고 계신 분은 오직 하나님 한 분밖에 없습니다. 그 하나님이 저와 여러분의 죄를 용서하고 하늘나라로 데려가기 위해 그분의 독생자 예수 그리스도를 세상에 보내셨습니다. 이 예수님은 근본이 하나님이시지만 종의 형체로 이 땅에 오셔서 스스로 사람이 되셨고 자기를 낮추시고 복종하심으로 십자가에 달려 죽으셨습니다. 그러나 그분은 참 신이시기에 죽음도 그분을 가두지 못하여 사흘 만에 다시 살아나셨고 사십 일 동안이나 사람들과 함께 계시다가 오백여 명이 보는 가운데 하늘로 올라가셨습니다. 저도 부활하신 그분을 본 사람입니다. 그분은 지금 하나님 우편에 앉아 저와 여러분을 위해 기도하고 계십니다. 생명도 없고 우리를 위해 그 무엇도 해주지 않는 헛된 신을 버리십시오. 그리고 지금도 살아계시는 참 신인 하나님을 믿으십시오. 그분을 여러분의 주님으로 믿으면 여러분과 여러분의 가족이 모두 구원받게 되고 영원한 생명을 얻게 됩니다."

그 사람의 얼굴은 진지했고 그 목소리와 온몸은 불을 뿜듯 활활 타오르는 것 같았다. 헬라인인 누가는 지금껏 여러 신을 섬기는 신전의 제사장들과 철학자들을 많이 보아왔다. 하지만 그들의 얼굴에선 이 사람과 같은 진리의 확신으로 가득 찬 모습은 찾아볼 수 없었다. 누가는 실용주의자요 과학자였다. 현실을 외면한 관념적 이야기는 너무 허무맹랑해 보여 별 흥미를 느끼지 못했다. 그런데 이 사람은 자기가 그렇게도 고쳐보려고 온갖 노력을 기울였던 그 환자를 단번에 낫게 한 사람이다. 누가는 이 사람이 어떤 기이한 방법을 써서 환자를 낫게 하였는지 정말로 알고 싶었다. 그런데 그 사람은 손에 아무것도 들지 않았고, 무엇을 파는 것도 아니고, 그저 어떤 신 즉 하나님과 예수라고 하는 신에 대해서만 외치고 있는 것이었다.

바울의 이야기는 들으면 들을수록 뭔가 다른 사람들과 달랐다. 그는 상상에서 나온 어떤 신이 아니라 자신이 직접 보고 만지고 확신한 신을 전하고 있는 것 같았다. 그리고 그 신은 천지를 지으신 분이라고 했다. 그 또한 제우스 같은 신과 달랐다. 아무리 제우스라 해도 그 능력은 한정되어 있다. 제우스는 비록 능력은 좀 있지만 온 천지를 다 지은 것도 아니고, 서로 싸우고 결혼하고 미워하고 사랑하는 인간들과 조금도 다르지 않다.

누가는 지금껏 어느 신이 인간을 위해 스스로 사람이 되어 세상에 내려왔다는 이야기를 들어본 적이 없었다. 혹시 사람이 되었다 해도 자기들끼리 다투다 이기기 위해서 또는 인간을 괴롭히기 위해서였을 뿐이다. 그런데 하나님은 천지만물을 지으시고 그것을 홀로 다스리는 대단한 신이면서도 인간이 지은 죄를 용서하고 하나님의 자녀로 살게 하기 위해 스스로 고난을 받고 죽기까지 했다는 것이다. 누가는 점점 더 바울의 이야기에 흥미를 느끼게 되었다. 그리고 무엇보다 그의 치료 능력이 어디에서 온 것인지 꼭 알고 싶었.

함께 둘러서서 바울의 말을 듣고 있던 뱃사람들이 옆에 서 있는 누가를 발견하자 바울의 말이 끝나기를 기다려 그에게 누가를 소개했다.

"선생님, 여기 이분이 우리 뱃사람들의 병을 고쳐 주시는 누가 의원님이십니다. 서로 인사하십시오."

바울은 드디어 누가를 만나서 기뻤다. 자신의 약한 몸을 치료해 줄 수 있는 의원이라서 기뻤고 그에게 복음을 전할 수 있다는 기대감 때문에 기뻤다.

"아, 누가 의원님, 만나 뵙고 싶었습니다. 반갑습니다."

바울이 먼저 반갑게 인사했다. 누가도 대답했다.

"말씀 잘 들었습니다. 선생님의 말씀에 많은 흥미를 느꼈습니다. 무슨 새로운 종교 같은데…."

"새로운 종교가 아니라 태초부터 있었던, 온 우주 만물의 주인이신 하나님께 대한 신앙입니다."

"아, 그런가요? 선생님의 말씀을 좀더 자세히 듣고 싶습니다. 저의 병원으로 같이 가시겠습니까?"

누가는 자신도 알 수 없는 어떤 끌림에 의해 바울을 자기 병원으로 초대했다. 누가 자신도 알 수 없었다. 무엇이 자기를 그토록 바울에게 흥미를 갖게 했는지. 그는 미처 알지 못했지만 그것은 하나님의 손길이었고 성령님의 역사였다.

"아, 네…. 그러잖아도 의원님을 만나야 할 일이 있습니다."

두 사람의 이야기를 듣고 있던 사람들이 길을 내주었다. 누가는 자기의 거처이기도 하고 병원이기도 한 곳으로 바울과 함께 갔다. 그곳은 드로아 시청에서 가까웠다. 누가는 정부에서 파견한 관 의원이었다. 알렉산드리아 의과 대학을 졸업하자 누가는 잠시 자기 고향 안디옥에서 일하다 중앙 무대를 피해 스스로 드로아로 떠났다. 사랑에 실패한 상처가 그리도 깊었던 것일까? 아무튼 그는 드로아에서는 누구나 다 아는 유명한 의사로서 이제는 육신적으로 아무 부족함없이 살고 있었다. 그러나 그의 영혼 깊은 곳에서는 뭐라 말할 수 없는 커다란 공허함이 뿌연 안개처럼 자리 잡은 채 떠나지 않고 있었다. 그 공허한 자리는 늘 비어 있어 사방팔방에서 불어오는 바람이 휘몰아치는 곳이었다. 슬픔인지 외로움인지 무엇인지 모를 바람이 그의 공허한 영혼을 들락거리며 그를 흔들어 대고 있었다.

정부에서 지어준 병원은 아담하고 깨끗했다. 예로부터 그리스 사람들은 건축에 큰 의미를 두고 있었는데 드로아에까지 그런 건축양식이 널리 퍼져 있었던 것이다. 누가는 바울에게 차를 권하며 그를 찬찬히 들여다보았다. 그리고 의사의 감각으로 바울의 몸이 아까 그 공터에서 볼 때와 달리 그리 건강한 몸이 아니라는 것을 알아챘다. 특히 바울의 눈이 아까 연설할 때와는 달리 병약한 징후가 뚜렷했다. 그런데 이런 몸으로 어떻게 그토록 열정적으로 연설을 할 수 있었던 것일까?

"혹시 어디 몸에 불편한 데가 있으신지요?"

누가가 물었다.

"네, 역시 훌륭한 의원이십니다. 제가 그리 건강한 체질이 아닙니다. 특히 눈이 좀…. 그래서 다소에서 의원님을 만나기 위해 이곳으로 온 것입니다."

"아, 그렇군요. 음…길리기아 다소라면…. 그곳에도 유능한 의원이 많을 텐데 어떻게 멀리 떨어진 이곳까지 저를 찾아오셨는지요? 혹시 다소에서 제 이름을 들으셨나요?"

누가는 혹시 드로아에서 자기에게 치료받았던 누군가가 바울에게 자기를 소개한 것이 아닐까 하며 이렇게 물었다.

"네, 누가 의원님을 저에게 소개한 분이 계시지요."

바울이 그윽한 눈으로 누가를 바라보았다.

"누구죠? 어부인가요? 아니면 배를 정비하는 사람?"

"아닙니다. 음…의원님을 제게 소개하신 분은…하나님이십니다."

"네? 아니, 아까 저 광장에서 선생님이 천지를 지으신 분이라고 말씀하셨던 그 하나님 말인가요? 그게 아니면 또 다른 하나님이 계신가요?"

"맞습니다. 천지를 지으신 바로 그 하나님입니다."

이때부터 바울은 바리새인이요 그리스도인들의 핍박자였던 자신이 다메섹 도상에서 예수님의 음성을 들었던 것과 그 후의 광야 생활, 예루살렘에서 만난 사도들, 그리고 하나님과 예수님의 이야기를 하기 시작했다. 그의 말은 아무 꾸밈이 없었지만 때로는 흐느끼는 듯 슬픔에 사로잡히기도 하고, 때로는 기쁨으로 충만해지기도 했으며, 또 불을 뿜듯 열정이 넘칠 때도 있었다.

누가는 마치 회오리바람이 끌어당기듯이 바울의 말에 이끌려 들어갔다. 그러면서 그는 '이 사람의 말은 진리다. 진실이다!' 하고 느끼지 않을 수 없었다. 바울이 그 진리를 설파하는 능력은 그 자신에게서만 나온 것이 결코 아니었다. 바울의 말을 듣고 있는 동안 누가는 바울을 사로잡았던 하나님이 자기도 사로잡고 있음을 느꼈다. 두 사람의 대화는 밤이 이슥하도록 이어졌다.

누가는 바울의 말을 들으면서도 그의 몸을 살피고 특히 눈을 살폈다. 그러면서 어떻게 자기 자신의 몸도 이토록 약한 사람이 얼굴에 진물이 흐르던 그 사람을 낫게 하였느냐고 물었다.

"아, 그건 제가 한 일이 아닙니다. 저는 그저 우리 주님이신 예수님의 이름으로 기도만 했을 뿐이에요. 그러므로 그 일은 예수님께서 하신 겁니다."

"예수님이요?"

누가는 바울이 만났다는 그 예수가 의학의 신인가 하고 생각했다. 그런데 바울이 그 예수의 이름으로 병을 낫게 한다니 정말 대단한 신이 아닌가. 이곳 사람들이 믿는 의학의 신인 아스클레피오스와는 차원이 다른 신이다! 아스클레피오스는 인간들이 치료하는 방법을 연구하고 약초를 발견하고 병든 사람을 돌보는 일에 대해 가르쳐 줄 뿐이다. 누가는 놀란 눈으로 바울을 뚫어져라 보았다. 그러자 바울이 예루살렘에서 사도들을 통해 일어나고 있는 일들을 자세히 설명했다.

성전 문 앞에 앉아 있던 나면서부터 걷지 못하던 사람이 벌떡 일어나 하나님을 찬양하며 뛰었던 일, 베드로를 통해 죽었던 과부가 살아난 일, 바울 자신도 병자들에게 손을 얹고 주 예수의 이름으로 기도하면 즉시 병이 떠났던 일들을 얘기했다. 이 모두는 예수의 이름으로 일어난 기적들이라고 했다. 또 바울은 사람들이 스데반을 죽일 때 자신이 사람들을 재촉하고 그들의 옷을 지켰다고 말했다. 그런데 스데반이 죽으면서 하늘을 바라보고 마치 천사의 얼굴같이 환히 빛난 얼굴로 미소를 지으며 "보라, 하늘이 열리고 인자가 하나님 우편에 서신 것을 보노라" 하고 외치더니, 죽을 때는 "주 예수여, 내 영혼을 받으옵소서. 주여, 이 죄를 저들에게 돌리지 마옵소서" 하고 죽었다고 했다. 바울은 그런 모습을 보며 너무도 이상하고 고통스러워 며칠 밤을 지새웠다고 말했다. 하지만 그는 그 후에 더욱 사나워져서 그리스도인들을 하나도 남기지 않고 다 멸절시키겠다는 생각으로 박해를 시작하게 되었고, 그것은 자기 마음속에 자꾸 살아나는 스데반을 죽여 없애고 싶었기 때문이었다고 했다. 누가는 그 이야기에 바울과 함께 마음 아파했다. 마음이 여리고 착한 누가였기에 바울의 모든 말에서 무언가 자기가 해야 할 일이 있다고 느끼기 시작했다.

바울은 누가의 집에서 며칠을 지내며 누가의 극진한 보살핌을 받았다.

하나님께서는 바울에게 누가를 찾아가라고 말씀하실 때 이미 누가의 마음을 만져 놓으셨다. 실로 이 두 사람의 만남은 세기의 만남이었다. 주님에게는 그 두 사람을 꼭 만나게 하셔야 할 이유가 있었다. 장차 사복음서 중 하나인 누가복음과 신약의 역사서인 사도행전을 쓰게 되는 누가와 신약 27권 중 13권을 쓴 바울의 만남이 성령의 역사가 아니라고 누가 말할 수 있겠는가?

바울은 예수님을 만나기 전에는 그리스도를 가시채로 쳐 그 몸(교회)에서 피가 흐르게 했던 장본인이었다. 그러나 예수님을 만난 후에는 자신이 박해를 받아 서른아홉 대씩 맞는 매를 다섯 번이나 맞고, 세 번 태장으로 맞고, 한 번 돌로 맞고, 세 번 파선하고, 일 주야를 깊은 바다에서 지냈고, 여러 번 강의 위험과 강도의 위험과 동족의 위험과 광야와 바다의 위험을 당하면서 흘린 피로 스스로 하나님께 드리는 제물이 되어 그리스도와 함께 성도들의 죄를 씻기고 새롭게 하는 역할을 감당했다.

예수님께서는 다메섹의 아나니아에게 바울이 고난당할 것에 대해 말씀하셨을 때, 바울이 혼자 그 고통을 당하게 하지 않으시고 누가라는 당대의 가장 훌륭한 의원을 그에게 붙여 주실 계획을 갖고 계셨다.

바울은 그의 마지막 서신 디모데후서 4장 11절에서 "누가만 나와 함께 있느니라"라고 기록하며 누가의 신실함과 충직함을 증거하였다. 누가는 사도행전에서도, 누가복음에서도 자신이 한 일에 대해서는 아무런 얘기를 하지 않았다. 오직 예수님과 사도들의 이야기만 했을 뿐이다. 그러나 바울이 고문과 매질과 돌로 침을 당하여 거의 죽게 되었을 때 누가 그를 일으켜 상처를 씻어 주고 약을 바르며 싸매 주었을까? 누가가 아니었을까? 누가가 곁에 없었더라면 바울이 죽음과 같았던 그 모진 아픔과 고통을 이기고 다시 일어날 수 있었을까? 누가는 이렇게 끝까지 바울을 돌보았고, 바울 사후에도 84세까지 살며 예수님과 사도들의 생애, 하나님이 살아서 역사하신 그 현장을 과학도와 의학도답게 꼼꼼히 기록하고 보존함으로 이후 기독교 신앙 형성에 크게 공헌했다.

바울은 누가를 만나 자기 몸의 연약함을 치료받기도 하였으나, 무엇보다 그에게 복음을 전하고 세례를 줌으로 함께 이방 세계에 복음을 전할 수 있는 동역자가 생기게 되어 기뻤다. 헬라인인 누가는 바울을 통해 하나님과 예수님에 대해 배우면 배울수록 하나님은 실재(實在)하시며, 요란한 소리를 내지만 공허하기 짝이 없는 자기네들의 신에 비해 역사적으로나 과학적으로 참 신일 수밖에 없다는 것을 더욱 확신하게 되었다. 바울은 비록 유대인이었으나 헬라 철학자들 못지않게 헬라 문화와 철학, 학문에 능통하였기에 알렉산드리아 대학 출신 의원이요 과학자인 누가를 감복시키기에 충분했다. 이 두 사람은 모두 하나님의 명령에 순복함으로 각각 혼자 이룰 수 있는 일보다 더 큰 일을 감당할 수 있게 되었다.

바울은 여러 날 동안 누가와 함께 있다가 다시 고향 다소로 돌아왔다. 그는 많이 건강해진 눈과 몸으로 더욱 하나님의 지혜와 영안이 열리기를 간구하며 성경을 읽고 또 묵상하였다.

누가도 계속 드로아에서 가난한 이들을 치료하며 바울에게 들었던 예수님의 복음을 뱃사람들에게 증거하였고, 믿음을 갖게 된 사람들과 함께 바울에게 배운 대로 기도 모임을 가졌다. 그렇게 몇 년 동안 지내다 서서히 드로아에서의 삶을 정리하고 다소 시청에 다소 의료원에서 일하고 싶다는 소명서를 냈다. 다소 시청에서는 당연히 환영하였다. 그는 허락을 받자 곧 다소로 옮겨 갔다. 누가가 다소에서 가장 먼저 한 일은 바울을 찾아간 것이었다. 바울의 기쁨은 이루 말할 수 없었다. 그동안 가끔 서로 편지를 주고받기는 했지만 누가가 자기를 찾아오리라고는 생각지도 못했는데 다소까지 찾아와 주다니…. 그것도 아주 살기 위해 오다니…. 두 사람은 기쁨으로 한참 동안 서로 끌어안고 놓지 못했다. 누가는 바울의 영원한 동역자였다. 바울이 이 사람을 통해 얼마나 큰 위로와 힘을 얻었을지는 상상하기 어렵다.

누가는 다소의 시청 옆에 있는 의료관에서 사람들의 병을 치료하는 틈틈이 바울의 몸을 보살피면서 성경을 배우고 함께 전도의 길에 오를 날을 예비하고 있었다. 그렇게 두 사람은 아름다운 관계를 이어갔다. 그러다가 바울이 안디옥 교회에서 파송 받아 바나바와 함께 1차 선교를 다녀온 후, 두 번째 선교여행 때부터 동행하기 시작했다.

수리아 안디옥

바울이 고향 다소에서 9년 정도 살고 있을 때였다. 어느 날 그에게 손님이 찾아왔다. 그날도 바울은 아버지의 공장에서 다른 직원들에게 어떻게 천막을 잘 만들 수 있는지 가르치고 있었다. 공장으로 찾아온 사람은 바나바였다.

두 사람은 얼싸안고 서로 반가워했다. 9년 만에 만나는 바나바는 어느새 중후한 중년이 되어 인자하고 후덕한 모습이었다. 그러나 교회를 향한 계속된 박해로 많은 고통을 겪은 탓인지 깊은 고뇌에 찬 모습도 보였다. 바나바는 예루살렘에 박해가 심해지면서 성도들이 뿔뿔이 흩어지자 고향인 구브로에서 전도하며 조용히 지내고 있었지만 한시도 바울을 잊은 적이 없었다. 그렇게 여러 해가 지난 어느 날 예루살렘의 감독인 야고보에게서 연락이 왔다. 안디옥에 교회가 세워졌으니 그곳에 가보라는 것이었다. 안디옥? 그곳에 교회가 있다고? 그는 기쁜 마음으로 안디옥으로 출발했다.

안디옥 교회는 바울이 제일 처음 복음의 씨를 뿌렸던 장소였다.

바울이 아라비아의 생활을 마무리하고 안디옥을 거쳐 고향 다소로 돌아오던 길에 그곳에 있던 회당에 들어가 "예수는 그리스도다"라고 전한 적이 있었다. 그로 인해 사울은 회당에서 쫓겨났지만 실망하지 않고 거리에서 만나는 사람들에게 그들이 믿는 신은 참 신이 아니요, 그리스도이신 예수가 진정한 참 신이라고 전도했다. 그러자 자기들의 신에게서 아무런 위로를 받지 못했던 사람 몇몇이 그 말씀을 받아 마음속에 그 복음의 씨를 간직하고 있었다.

박해가 더욱 심해지고 많은 그리스도인들이 여러 지방으로 흩어지면서 안디옥에도 들어오게 되었다. 이 사람들이 또 유대인과 헬라인에게 복음을 전했고, 그중에 먼저 복음을 받아들였던 사람들이 합류하면서 안디옥 교회는 놀랍게 부흥하게 되었다. 바나바가 안디옥에 가보니 유대인과 수많은 이방인들이 모여 하나님을 예배하고 주 예수를 찬양하고 있었다. 바나바는 너무나 기뻤다. '주님, 이렇게 하시려고 박해라는 도구를 사용하셨군요!'

그렇다. 복음은 예루살렘에만 갇혀 있을 수 없다. 예수님께서는 승천하시기 전 "오직 성령이 너희에게 임하시면 너희가 권능을 받고 예루살렘과 온 유대와 사마리아와 땅끝까지 이르러 내 증인이 되리라"(행 1:8)라고 분명히 말씀하셨다. 그러나 열두 사도는 예루살렘이란 둥지를 떠날 생각을 하지 못했다. 그들은 유대민족의 구원이 우선이라고 생각했다. 할례받지 못한 야만인들이 감히 하나님의 성전으로 들어온다는 것은 상상도 할 수 없었던 것처럼, 복음도 유대인이 먼저라고 생각했다. 그러나 헬라인인 누가는 사도행전에 예수님이 말씀하신 이 구절 "사마리아와 땅끝까지"를 놓치지 않고 기록해

놓았다. 복음에는 장벽이 없다. 온 우주 천지는 모두 하나님의 것이며, 그 가운데 사는 모든 인류 역시 하나님의 사람들이다. 하나님은 모든 사람이 구원받고 진리를 알기를 원하신다. 바울은 유대인이었지만 다소에서 자라 이방 민족의 학문까지 공부했던 사람이었기에 복음의 세계화에 마음이 활짝 열려 있었다.

바나바는 안디옥 교회의 부흥을 보며 가슴이 벅차오름을 느꼈다. 안디옥의 거의 모든 사람들이 예수님을 믿고 도시가 완전히 변하게 될 것 같은 생각이 들었다. 날이 갈수록 안디옥 교회는 더욱 큰 부흥이 일어났다. 그렇게 되자 바나바는 자기 혼자 이 많은 사람을 가르치기에는 무리가 있다고 생각하고 바울을 찾아가기로 했다. 바울이 이들에게, 특히 헬라인들에게 성경을 잘 풀어 복음의 진수를 가르친다면 교회가 더욱 안정되고 잘 자라게 될 것이었다. 그리하여 바나바는 다소를 향해 길을 떠났다.

"정말 반가워요, 사울 형제님. 그동안 어떻게 지내셨나요?"
"여기까지 찾아와 주셔서 정말 감사합니다. 보시다시피 주님의 은혜로 저는 잘 있습니다. 바나바 형님, 어떻게 이곳까지 오시게 되었나요?"

바나바가 바울보다 연상이었기에 바울은 바나바를 형님이라 부르며 애정을 표현했다. 바울은 공장에서 나와 바나바를 근처에 있는 주막으로 데리고 갔다. 거기서 바나바는 지금 한창 부흥하고 있는 안디옥 교회의 실상을 말하고, 그곳에 바울이 꼭 필요하다며 그곳으로 와서 성경을 가르쳐 주기를 청하였다. 바나바는 바울에게 잊을 수 없는 영적 은인이었다. 바울이 예루살렘 사도들에게서 외면

당할 때 바나바가 주선하여 바울의 회심과 신앙심을 저들에게 알려주었고, 바울을 데리고 가서 세계 복음화에 꼭 필요한 일꾼이 바울임을 그들에게 역설하여 베드로와 야고보와 요한까지 만나게 해주었기 때문이다. 누가는 "바나바는 착한 사람이요, 성령과 믿음이 충만한 사람"이라고 사도행전에 기록하고 있다. 누가의 표현대로 성령과 믿음이 충만한 그는 곤경에 처한 사람들을 찾아가 위로하고 도와주는 일을 천직으로 알았고, 스스로 사도들보다 한 단계 낮은 자리에서 그들을 돕는 것을 기뻐했다. 한 번도 다른 사람보다 높은 자리를 탐내본 적이 없던 바나바는 자기보다 나이도 어리고 늦게 예수를 믿은 바울을 오히려 자기보다 낫게 여기고 앞세워 주님의 교회를 부흥시키는 데 몰두했던 겸손하고 온유한 사람이었다.

바울은 바나바의 청함에 아무런 망설임 없이 대답했다. 예수를 만난 후 자기는 없고 오직 예수만이 자기 속에 살아계심을 날마다 확인하며 살았던 바울이다. 그리하여 바울은 바나바와 함께 집으로 돌아가 가족들에게 그를 소개하고 안디옥으로 떠나겠다고 말했다. 그때까지 재혼도 하지 않은 채 오로지 일과 공부, 기도에만 전념하는 아들을 지켜보던 부모로서는 무척 안타깝고 마음이 아팠으나 그들은 아들을 쓰고자 하시는 하나님의 뜻을 거역할 수 없었다.

바나바는 다소에서 이틀을 더 머물다 바울의 여장이 준비되자 함께 안디옥으로 길을 떠났다.

바울이 안디옥에 도착해 보니 그곳엔 정말 바나바의 말대로 수천 명의 사람들이 예수님을 믿고 있었고 예배의 열기 또한 뜨거웠다. 그들은 자신들이 만든 찬송으로 예배 때마다 목소리 높여 하나님을 찬양하였고, 성경의 진리에 목마른 영혼들로서 구원자 예수님을 더 알기 원하는 소망으로 가득 차 있었다. 바울은 짐을 풀자마자 그들에게 성경을 가르치기 시작했다. 마치 목마른 사슴이 허겁지겁 물을 마시듯 성도들은 바울과 바나바의 가르침을 뜨거운 마음으로 받아들였다.

바나바는 예수님이 이 땅에서 행하신 일들, 곧 가르치심과 병 고치심, 물 위를 걸으시고 폭풍을 잠재우시는 등의 예수님의 행적을 가르치며 성도들을 돌보는 일에 주력하였다. 반면 바울은 성경을 풀어주면서 그 성경에서 말씀하시는 예수님이 어떻게 하나님이 되시는지, 왜 그분이 이 땅에 오셔야 했는지, 왜 그분이 죽을 수밖에 없었으며 또 살아나셔야만 했는지, 그리고 왜 그분이 길이요 진리요 생명이 되시는지 등 성경 말씀과 영적인 부분에 대해 가르쳤다. 또 성령의 함께하심으로 병을 고치고 귀신을 쫓아내는 은사가 바나바와 바울을 통해 나타남으로 안디옥 교회는 더욱더 폭발적으로 부흥하게 되었다. 안디옥 시민들은 이런 현상에 무척 놀랐다. 그들은 도시를 흔드는 이 새로운 종교와 그 종교를 믿는 이들의 삶을 살펴보다 자기들과 전혀 다른 삶을 살아가고 있는 이들을 그리스도인이라는 이름으로 부르기 시작했다.

전에 예루살렘에서는 예수님을 따르는 사람들을 경멸하는 의미에서 '나사렛당'이라고 불렀다. 나사렛은 예수님이 자라나신 곳이자, 예루살렘의 북부지방 사마리아를 거쳐야만 갈 수 있는 갈릴리 지역의 마을로 수도권인 예루살렘 사람들이 업신여기던 고장이었다. 예수님의 제자 빌립이 나다나엘에게 가서 자신이 메시아를 만났다고 하자 나다나엘이 "나사렛에서 무슨 선한 것이 날 수 있겠느냐?" 하고 되물었던 지방이기도 하다. 그러므로 '나사렛인'이란 지칭은 나사렛 사람 예수를 따르는 별 볼 일 없는 사람이라는 뜻이었다.

그러므로 예수 그리스도를 따르는 사람들에게 '그리스도인'이란 이름을 붙여 준 것은 어떤 지방이나 국가에 대한 편견이 배제된 명칭이라 할 수 있다. 혹 그들이 과거 우리 한국에서 교회 다니는 사람들을 '예수쟁이'라는 경멸 섞인 별명으로 부른 것과 비슷한 의미로 '그리스도인'이라고 불렀을지도 모른다. 그러나 나라와 지방색 없는 이름으로 불러준 것만으로도 그리스도인들의 위상이 격상되었다는 것을 짐작할 수 있다. 이 이름은 나중에 로마의 콘스탄티누스 황제가 기독교를 공인했을 때 정식으로 '크리스천'이라는 이름으로 부르게 된 소중한 명칭이다.

안디옥은 수리아 지경에 있는 도시로 인구 50만의 번성하는 도시였다. 이처럼 큰 도시의 많은 부유한 사람들이 예수를 믿었다. 그리하여 이곳의 교회는 재정이 넉넉하였고, 예루살렘 교회가 흉년으로 어려움을 당하게 되자 한마음으로 연보하여 바나바와 바울을 통해 예루살렘 교회에 전해 주기도 하였다. 이때 예루살렘의 사도들은 그 고마움에 바울을 다시 한번 생각하게 되었을 것이고, 바울의 선교 활동이 인정받는 첫 디딤돌이 되었을 것이다.

선교사 바울

어느 날 안디옥 교회 성도들의 마음을 성령께서 강권하셨다. "금식하며 기도하라!" 그들은 하나같은 마음으로 금식하기 시작했다. 금식을 시작한 지 사흘째 되던 날, 성령께서 바나바와 바울을 따로 세우라고 하셨다. 그들은 순종하였다. 바나바와 바울이 교회 앞에 서자 갑자기 저 예루살렘 다락방에서 불어왔던 것과 같은 회오리바람이 불어오더니 두 사람을 감쌌다. 두 사람은 두 팔을 들고 큰 감격에 싸여 눈물을 흘리며 소리 높여 방언으로 기도하였다. 그러자 우레 같은 소리가 들렸다.

"너희 두 사람은 이곳을 떠나 각처로 다니며 복음을 전하라."

"네, 주님! 그렇게 하겠습니다."

두 사람은 '네'라는 대답밖에 할 말이 없었다.

"너희 가운데 전파된 하나님의 아들 예수 그리스도는 예 하고 아니라 함이 되지 아니하셨으니 그에게는 예만 되었느니라"(고후 1:19).

이렇게 '네'라고 대답함으로 바나바와 바울의 앞에는 끝없는 선교의 길이 펼쳐지게 되었고, 그 선교로 말미암아 터키(현 튀르키예)와 유럽, 그리고 후에는 북미와 남미를 거쳐 아시아와 인도까지 빛의 행군이 계속되었다. 과연 이 두 사람, 특히 바울은 온 세계에 예수 그리스도의 생명의 빛을 비추어 주었을 뿐 아니라 기독교의 질서와 법과 문명을 실어다 준 복음의 전달자였다. 그 길에 혹독한 박해가 기다리고 있었으나 바울은 오히려 그 박해를 주님의 남은 고난을 자기 몸에 채우는 기쁨으로 여기며 감당하였다.

오늘날 온 세계의 교회에서 울려 퍼지는 설교 중 거의 절반은 사도 바울의 이야기이며, 혹 다른 인물이나 진리를 주제로 삼을 때도 그중의 반 이상은 사도 바울이 쓴 성경을 통해 설교를 풀어나가는 것을 볼 수 있다.

바울! 그는 수많은 하나님의 사람들 중에서도 가장 뛰어난 주님의 충복에 속하는 사람이었다. 하나님은 창세 전부터 바울을 택하여 세우셨다. 그는 하나님이 자신에게 부어주신 그 은혜의 영광을 위해 심혈을 기울여 쓴 열세 권의 성경과 전도 여행을 통해 모든 그리스도인들의 마음에 깊이 아로새겨진 예수의 사람이다.

예수의 사람, 바울

1판 1쇄 인쇄 _ 2024년 2월 1일
1판 1쇄 발행 _ 2024년 2월 15일

지은이 _ 한정자
펴낸이 _ 이형규
펴낸곳 _ 쿰란출판사

주소 _ 서울특별시 종로구 이화장길 6
편집부 _ 745-1007, 745-1301~2, 743-1300
영업부 _ 747-1004, FAX 745-8490
본사평생전화번호 _ 0502-756-1004
홈페이지 _ http://www.qumran.co.kr
E-mail _ qrbooks@daum.net / qrbooks@gmail.com
한글인터넷주소 _ 쿰란. 쿰란출판사
페이스북 _ www.facebook.com/qumranpeople
인스타그램 _ www.instagram.com/qrbooks
등록 _ 제1-670호(1988.2.27)
책임교열 _ 이주련 · 최진희

ⓒ 한정자 2024 ISBN 979-11-6143-919-8 03230

책값은 뒤표지에 있습니다.
이 출판물은 저작권법에 의해 보호를 받는 저작물이므로 무단 복제할 수 없습니다.
파본(破本)은 구입처에서 교환해 드립니다.